Le guide du parfait rendez-vous

ZESTE

Presses Aventure, une division de Les Publications Modus Vivendi inc.
55, rue Jean-Talon Ouest, 2e étage
Montréal (Québec) H2R 2W8, CANADA

Publié pour la première fois en 2007 par Zest Books, une division de Orange Avenue Publishing sous le titre *The Date Book*

Traduit de l'anglais par Andrée Dufault-Jerbi

Directrice éditoriale : Karen Macklin
Directrice de la création : Hallie Warshaw
Auteure : Erika Stalder
Éditrice : Karen Macklin
Illustratrice : Helen Dardik

Dépôt légal - Bibliothèque et Archives nationales du Québec, 2010
Dépôt légal - Bibliothèque et Archives Canada, 2010

ISBN 978-2-89660-143-1

Nous reconnaissons l'aide financière du gouvernement du Canada par l'entremise du Fonds du livre du Canada pour nos activités d'édition.

Gouvernement du Québec – Programme de crédit d'impôt pour l'édition de livres – Gestion SODEC

Imprimé au Canada

Le guide du parfait rendez-vous

Erika Stalder

Presses Aventure

Sortir avec un nouveau flirt peut être une expérience ultra-enivrante. C'est une occasion exclusive d'accorder ton attention à ce garçon populaire auquel tu penses tant et de recevoir la sienne en retour.

Dès le départ, tout va pour le mieux ! Tu t'imagines intense, mignonne, pleine d'esprit, très amusante, toujours en train de dire ce qu'il faut au bon moment, tout en conservant une allure fabuleuse en tout temps. Le fantasme du premier rendez-vous tourne à plein régime pour toi !

Puis, les questions envahissent ton esprit : comment vais-je faire pour que mes parents hypersensibles me laissent sortir ? Qu'est-ce que je vais mettre ? Où va-t-on aller ? Et... s'agit-il vraiment d'un rendez-vous galant ?

Il y a clairement beaucoup d'éléments à prendre en compte mais ne t'en fais pas. En réalité, c'est beaucoup plus simple que cela en a l'air. Et, même si un rendez-vous galant comporte son lot d'imprévus, tu peux t'y préparer.

Le guide du parfait rendez-vous te renseignera sur les considérations moins populaires qu'on n'enseigne pas à l'école, comme déchiffrer les signaux embrouillés qu'émettent les garçons, convaincre des parents sévères de te laisser sortir, éviter les garçons peu fréquentables et savoir imposer tes limites sans que tu te sentes comme une sainte-nitouche. Tu pourras t'analyser pour découvrir **le genre de premier rendez-vous qui fonctionne le mieux pour toi**, tes raisons de sortir avec un garçon, les moyens pour te préparer en 10 minutes pour un rendez-vous imprévu et la façon de t'en sortir si ce garçon de rêve n'est pas si extraordinaire après tout.

Nous avons navigué en eaux troubles et interviewé des douzaines de garçons en vue d'écrire ce livre (tu ne peux pas savoir ce qu'ils pensent si tu ne demandes rien après tout) et de te renseigner **sur tout ce que tu dois savoir** sur le sujet.

Et, lorsque le grand jour arrivera, tu pourras te détendre en compagnie de ton nouveau copain, agir en toute confiance et t'amuser beaucoup, car après tout, c'est cela qui compte, n'est-ce pas ?

Table des matières

1

ADN d'une sortie : ce qu'est... un rendez-vous galant

Un rendez-vous galant, qu'est-ce que cela implique au juste ?

Tout comme le mot « amour » a des sens différents, le terme « rendez-vous galant » est subjectif et peut vouloir dire plusieurs choses. En comprendre la signification peut être plus difficile que de construire une tour Jenga en portant des mitaines.

Depuis toujours, la double apparence du rendez-vous galant en a mystifié plus d'une ! Quand on pense à Roméo et à Juliette, les jeunes amants les plus célèbres, on peut débattre du fait qu'ils ne sont jamais vraiment sortis ensemble, qu'ils se sont connus pendant une fête, qu'ils se sont mariés le lendemain et qu'ils se sont revus la fois suivante pour mourir ensemble. Le personnage d'Audrey Hepburn dans le film *Diamants sur canapé* fréquentait beaucoup d'hommes, mais techniquement, s'agissait-il seulement de temps passé ensemble, de rendez-vous au sens propre du terme ou de... rien du tout ?

Et si l'on pense aux deux personnages du film *Quand Harry rencontre Sally...*, leur amitié s'étale sur des décennies à fréquenter les restaurants, les musées et les fêtes. Et même si, d'après ces deux personnages, ces excursions n'étaient pas des rendez-vous, ces personnages finissent par se retrouver ensemble !

Alors, c'est quoi, au juste, un rendez-vous galant ? Se rendre à la crèmerie avec le beau garçon du cours de la quatrième période ? Ou cela n'est-il qu'une façon de calmer vos rages de sucre à tous les deux ? Et que dire du rendez-vous à la partie de football avec ton dernier coup de cœur après les messages textes quotidiens acheminés à ce sujet ? Tu t'es bien amusée, mais tu ne sais pas trop quoi faire maintenant. Comment le pourrais-tu ?

Les choses se sont compliquées au cours des dernières décennies. Le temps où Jean demandait simplement à Marie de l'accompagner au cinéma en plein air est aussi révolu que ce genre de sortie elle-même. De nos jours, les filles et les garçons sont tous égaux et sortent toujours ensemble. Il y a beaucoup d'avantages, mais beaucoup de confusion aussi. Une fille a parfois intérêt à récolter les indices pour comprendre si son rendez-vous se passe sous le signe de l'amour ou de l'amitié.

Récolter les indices

Lorsque tu essaies de t'assurer qu'il s'agit d'un rendez-vous galant, tu as intérêt à récolter les indices. Disons que vous allez au cinéma, tous les deux. Est-il mieux habillé que d'habitude ? Te paraît-il nerveux ou plus poli que d'habitude et s'assied-il plus près de toi ? S'est-il mis du baume après-rasage ? Si oui, cela sent le rendez-vous galant ! Porte-t-il au contraire un vieux jogging défraîchi et passe-t-il la soirée à parler d'une autre fille ? Si oui, alors peut-être pas !

S'il t'invite à te joindre à son groupe d'amis, la situation est plus compliquée. D'abord, il y a le fait qu'il n'a pas invité que TOI, mais plusieurs autres personnes aussi. Rendez-vous galant ou sortie en groupe ? Ensuite, il passe un peu de temps avec chacun. Si tu le vois parler à une autre fille, tu peux te demander s'il l'envisage comme petite amie, *elle aussi*. Ou s'il passe son temps avec son ami passionné par la musique et qu'il passe la soirée à discuter des mérites de Clapton par rapport à ceux de Hendrix, ou de guitares à douze cordes et de guitares à six cordes, ou d'être « emo » plutôt que « rock indépendant », peut-être te diras-tu que ce sont ces deux-là qui feraient mieux de sortir ensemble.

dude!

Pour te rendre la vie plus facile, voici un tableau qui va t'aider à interpréter les indices la prochaine fois que tu sortiras et que tu te demanderas : « Est-ce un rendez-vous galant ? »

Objectif : rendez-vous galant	Oui	Non
Il te demande d'aller quelque part, pour ensuite s'assurer que tu y vas toujours.	⚛	
Lors du rendez-vous, il pose le bras sur tes épaules lorsque des garçons te croisent, comme pour dire « elle est avec moi ».	⚛	
Il te demande de sortir, mais te demande si tes amies viennent aussi.		⚛
Il te taquine gentiment.	⚛	
Pendant le rendez-vous, il te parle d'autres filles.		⚛
Il a plus ou moins soigné son apparence.		⚛
Vous êtes en groupe. Il s'assure de s'asseoir à côté de toi dans les manèges au parc d'attractions ou lorsque vous allez au cinéma ou au restaurant.	⚛	

Objectif : rendez-vous galant	Oui	Non
Vous êtes tous en groupe. Il fait plus attention aux autres qu'à toi.		⚛
Il ne te sourit pas ni en arrivant ni en repartant.		⚛
Il trouve toujours une façon de te toucher, en jouant avec tes pieds sous la table ou en te frôlant de près.	⚛	
Il s'assure que tu t'amuses bien au cours de la soirée.	⚛	
Il te sourit constamment.	⚛	
Il passe plus de temps sur son téléphone cellulaire et ses gadgets électroniques qu'avec toi.		⚛
Il te lance des invitations ouvertes pour faire quelque chose un autre jour.	⚛	

S'il n'émet aucun signal, émets-en quelques-uns de ton côté ; tu peux lui toucher le bras en lui parlant ou lui décocher un sourire ravageur en le regardant droit dans les yeux, puis note sa réaction. La clé est d'être attentive à ce qui se passe autour de toi et tu sauras ce qui en est.

Quel genre de rendez-vous galant fonctionne le mieux pour toi ?

Tu n'es pas sûre du genre de rendez-vous approprié pour toi ? Voici quelques avantages et quelques inconvénients que comportent ;férents genres de rendez-vous.

Sortir seule avec un garçon

Les avantages :

- le temps passé seule avec ton coup de cœur et l'attention accordée
- vous faites ce que vous avez envie de faire ensemble
- votre intimité est assurée

Les inconvénients :

- la pression d'organiser vos plans vous revient à toi ou à lui
- les amis ne sont pas là pour vous venir en aide
- tes parents s'opposeront peut-être à ton rendez-vous

Sortir avec un autre couple

Les avantages :

- vous êtes plus nombreux à briser la glace
- il y a moins de pression à discuter entre vous
- tu as une amie avec qui passer la soirée en revue

Les inconvénients :

- cela peut devenir gênant si les deux autres personnes ne s'entendent pas
- cela peut devenir gênant si les deux autres personnes s'entendent trop
- tu disposes de moins d'intimité

Règle d'or pour une *nouvelle* idylle

*** Tu y vas seule ***

N'invite jamais tes amis à se joindre à toi sans crier gare lorsque tu sors seule avec un garçon. Si tu crois avoir besoin du soutien de tes amis pendant ton rendez-vous, planifie une sortie avec un couple d'amis ou en groupe, mais pour une autre fois. La troisième roue du carrosse trahit l'exclusivité dont tu dois faire preuve après avoir accepté un rendez-vous avec un garçon.

La rencontre à l'aveuglette

Les avantages :

- tu n'as qu'à y aller
- les surprises sont amusantes (le garçon que tu vas rencontrer est peut-être extraordinaire)
- si la rencontre est bien organisée, les goûts du garçon que tu vas rencontrer ressembleront aux tiens

Les inconvénients :

- on peut te jumeler à un garçon qui manque trop d'assurance pour inviter une fille de lui-même
- les surprises ne sont pas toujours amusantes (le garçon que tu vas rencontrer est peut-être inintéressant)
- si tu décides que le garçon en question n'est pas ton genre, cela peut nuire aux liens qui te rattachent à vos amis communs

La sortie en groupe

Les avantages :

- la conversation se déroule sans effort
- les façons de s'esquiver sont nombreuses
- tes amies peuvent t'aider à lire les signaux qu'émet le garçon qui t'intéresse
- obtenir la permission de tes parents de te laisser sortir est facile

Les inconvénients :

- le syndrome de l'œil vagabond est un effet secondaire courant
- tu partages le garçon qui t'intéresse avec une douzaine d'amis
- te retrouver seule avec le garçon qui t'intéresse peut s'avérer difficile

Quel genre de rendez-vous galant te convient le mieux ?

Le questionnaire suivant t'aidera à découvrir le genre de rendez-vous qui correspond le mieux à ta personnalité.

1. Je m'amuse bien

A. en jouant au ping-pong, en faisant des tours de manège ou en faisant des activités à deux : je préfère reporter mon attention sur une seule personne à la fois;

B. en mangeant en compagnie de mes meilleurs amis dans un restaurant où l'éclairage est tamisé et où il y a de la musique d'ambiance;

C. en allant voir un film étranger à la maison des films;

D. en faisant la fête avec 150 de mes meilleurs amis, buffet et plancher de danse y compris.

2. Faire la conversation est

A. facile, pourvu que ce soit avec une seule personne et que personne d'autre n'intervienne;

B. comme faire démarrer une vieille voiture : c'est difficile au début, mais amusant lorsqu'elle est en marche;

C. simple lorsque je ne connais pas du tout la personne à qui je parle et que je peux lui poser beaucoup de questions pour apprendre à la connaître;

D. facile, agréable et amusant.

3. Je planifie mes fêtes d'anniversaire

A. toute seule, onze mois à l'avance, car chaque détail doit être peaufiné avec soin;

B. de temps à autre, mais je préfère habituellement les fêtes non planifiées;

C. en aucun cas, c'est bien mieux quand ce sont d'autres personnes que moi qui le font, qui invitent un groupe d'amis pour fêter et que je n'ai qu'à me présenter à la fête;

D. ... planifier? Une salle pleine de monde plus moi égale « fête instantanée ».

4. Lorsque j'entre dans une pièce, je veux

A. que le garçon sur qui j'ai un œil n'ait d'yeux que pour moi;

B. que quelques personnes admirent ma tenue;

C. qu'on remarque un nouveau visage parmi la foule;

D. parler à tout le monde en même temps.

5. Lorsque je me prépare habituellement pour un examen de fin d'année en biologie...

A. je me remplis le crâne pendant trois heures en compagnie de mon partenaire de laboratoire;

B. je me joins à un petit groupe d'étude que je connais;

C. je demande à d'autres étudiants de former un groupe d'étude, car c'est une façon extraordinaire de rencontrer de nouveaux amis;

D. je me joins à autant de groupes d'étude que je peux : douze esprits valent mieux qu'un.

6. Ma façon préférée de faire la conversation est

A. en personne, car les autres façons sont tellement superficielles;

B. dans un environnement familier avec des gens familiers (comme mes coéquipiers après l'entraînement de football);

C. d'entreprendre une conversation spontanée avec quelqu'un dans l'autobus ou qui fait la file au supermarché;

D. les messages textes, les messageries instantanées, les courriels, les conférences à trois... pourquoi faut-il choisir ?

7. Si j'étais l'un des personnages de *Sexe à New York*, je serais

A. Miranda;

B. Charlotte;

C. Carrie;

D. Samantha.

Si tu as obtenu une majorité de « a »: les rendez-vous en tête-à-tête

Tu optes pour la qualité plutôt que la quantité. Tu préfères concentrer ton attention sur une chose à la fois et tu adores peaufiner les détails. Ce que d'autres considéreraient comme une situation tendue, comme flâner pour la première fois avec quelqu'un de nouveau, est aussi facile qu'une promenade au parc à tes yeux. Les rendez-vous en tête-à-tête sont les plus indiqués pour toi.

Si tu as obtenu une majorité de « b »: les sorties en couple

Tes meilleures sorties sont celles que tu fais avec un autre couple. Tu adores avoir une amie sous la main pour partager tes aventures et pour te laisser savoir si tu as du rouge à lèvres sur les dents. Les sorties en couple créent un équilibre parfait entre faire partie d'un petit groupe et avoir à faire la conversation et prendre toutes les décisions.

Si tu as obtenu une majorité de « c »: les rencontres à l'aveuglette

Lorsqu'il est question de sortir avec un garçon, tu es à la fois romantique et alerte sur la piste. Tu adores rencontrer de nouvelles personnes et les déchiffrer. Tu n'as pas peur de laisser jouer les émotions et tu acceptes la théorie d'avoir à embrasser plus d'une grenouille avant de rencontrer ton prince. Les rencontres à l'aveuglette te conviennent particulièrement.

Si tu as obtenu une majorité de « d »: les sorties en groupe

Tu es une adolescente délurée qui sait ce qu'elle veut et qui attire l'attention. Tu excelles dans l'art de faire la fête et de la faire durer. Les sorties en groupe sont parfaites pour ta nature axée sur l'expression *plus on est de fous, plus on rit;* elles te permettent de t'amuser et de sortir avec ton flirt en même temps. Tu es merveilleuse !

2

Mission rendez-vous : comment lui faire savoir qu'il t'intéresse

Faire les premiers pas

Regardons les choses en face : sans vouloir médire sur leur compte, les garçons ne sont pas toujours aussi proactifs, matures ou à la mode que les filles. Des recherches démontrent que les filles développent leurs habiletés sociales et organisationnelles plus vite que les garçons. Et chaque fille qui dépassait son partenaire d'une bonne tête lors de la dernière danse le sait : le corps féminin se développe plus vite aussi ! Les garçons ont évidemment beaucoup de choses qui jouent en leur faveur aussi : leur charme, leur esprit enjoué, leur sens de l'humour et leurs épaules délicieusement bâties. Mais les garçons peuvent sembler illettrés lorsqu'il est question de lire entre les lignes.

C'est donc parfois la fille qui doit faire les premiers pas pour sortir avec un garçon. Il y a deux façons de s'y prendre. L'approche « a », pour la fille sociable et extravertie qui aime faire bouger les choses; cette approche consiste à demander tout bonnement à un garçon s'il veut sortir avec elle. L'approche « b » s'adresse à l'adolescente réservée, timide et introvertie qui n'aime pas courir de risque; elle consiste à faire des allusions subtiles et à flirter discrètement avec un garçon jusqu'à ce *qu'il* l'invite à sortir avec lui. Les deux approches sont des façons positives et proactives de laisser savoir à un garçon qu'il t'intéresse et que tu aimerais sortir avec lui. Passe-les en revue pour choisir celle que tu utiliseras pour obtenir ton prochain rendez-vous.

L'approche « a » : obtenir ce que tu veux

Du temps de nos pauvres aïeules, demander à un garçon de sortir était synonyme de désespoir, sans compter le malaise ainsi créé au plan social. Les femmes étaient courtisées, et non l'inverse. Heureusement pour nous, cette idéologie est démodée (de même que les robes qui tombent jusqu'aux chevilles et les corsets).

Il est parfaitement naturel qu'une fille demande à un garçon de l'accompagner au cinéma, et, d'ailleurs, le taux de succès d'une telle démarche est bien plus élevé que ce que l'on pourrait croire. La majorité des douzaines de garçons interviewés pour ce livre ont dit qu'ils accepteraient de sortir avec une fille si elle le leur demandait, leur logique étant de se dire « et pourquoi pas ? ». Et qu'en est-il des autres ? Leur principal souci était de protéger leur image de joueur macho (ça, c'est un drapeau rouge). Alors, voici le mot de la fin : s'il refuse, il n'est probablement pas le garçon mature, intelligent et moderne avec lequel tu veux passer du temps de toute façon.

La philosophie : Pourquoi attendre que la vie vienne à toi alors que tu peux provoquer les choses ?

La source d'inspiration : Madonna

La mise à exécution : Bien que tu te sentes à la hauteur de la tâche (et tu l'es assurément), même les filles les plus courageuses ont des papillons dans le ventre lorsqu'il est temps d'agir. Voici quelques conseils pour aller de l'avant sans te couvrir de ridicule.

Fais les premiers pas toi-même. N'envoie pas une amie faire le travail à ta place. Non seulement cela paraîtrait immature aux yeux du garçon en question, mais il ne serait pas trop motivé de dire « oui »; pourquoi voudrait-il passer du temps avec toi si le fait de le lui demander toi-même n'est pas important pour toi ? Il pourrait même penser que c'est réellement ton amie qui s'intéresse à lui et les résultats de cette équation seraient désastreux. Si tu n'as pas assez confiance en toi pour lui parler toi-même, abstiens-toi.

Va droit au but. Demander à un garçon s'il veut sortir avec toi par l'entremise d'un message SMS, d'un courriel ou d'une messagerie instantanée peut occasionner toutes sortes de problèmes de communication, comme :

a. son fournisseur de services Internet peut ne pas reconnaître ton adresse et acheminer ton message attentionné et soigneusement peaufiné directement dans son fichier de courriels indésirables;

b. sa connexion sans fil peut sauter au moment même où tu envoies ton message;

c. ton message texte peut mettre deux jours à lui parvenir.

Pour une fille qui cherche à obtenir ce qu'elle veut, les problèmes potentiels (de communication ou autre) associés à ces méthodes sont trop importants.

En lui demandant en personne ou au téléphone à la rigueur (après t'être assurée qu'il n'a pas la tête ailleurs pendant que tu lui parles), ta proposition ne peut pas rester coincée dans le cyberespace utilisé par les moyens de communication modernes d'aujourd'hui.

Sois précise. Les garçons comprennent la subtilité à peu près aussi bien que le syndrome prémenstruel. Et tu cherches à obtenir une réponse nette et précise, pas une réponse embrouillée que tu devras disséquer pendant deux semaines avec tes cinq meilleures amies. La question « Je me demandais si tu aimerais que nous traînions ensemble une bonne fois » peut entraîner une réponse tout aussi vague du genre « Oui, euh ! une bonne fois ! » Mais une question plus précise et directe comme « Veux-tu m'accompagner à la fête du début de trimestre ? » ou « J'ai un billet supplémentaire pour le spectacle rock de vendredi. Cela t'intéresse ? » lui permettra de te répondre franchement « oui » ou « non ». Alors, tu ne te demanderas plus s'il est intéressé.

Choisis le bon moment. Le meilleur moment pour lui demander de sortir avec toi est lorsqu'il est seul, loin de son groupe d'amis. Il ne sera pas tenté de se montrer trop supérieur, sous l'influence de son meilleur ami qui fait sans cesse l'imbécile, et il t'accordera toute son attention.

Garde les choses en perspective. Bien que lui demander de sortir avec toi puisse te sembler quelque chose de très gros, n'oublie pas que l'importance de ce moment est minimale par rapport à celle de terminer tes études, ou par rapport à l'impact que ce moment aura sur ta vie (infime) ou sur la planète en général (nul).

En ramenant mentalement cet événement à des proportions raisonnables, tu peux passer à l'acte en affichant un air désinvolte, garder la tête froide et engager une conversation légère et informelle.

Les risques : Bien sûr, tu vas mettre ton (adorable) derrière sur la sellette, ici. Le garçon peut dire non et tu t'éloigneras, embarrassée, déçue ou les deux. Tu peux être tentée de spéculer sur les raisons pour lesquelles il a refusé, mais ne perds pas ton temps. Tout compte fait, ce n'est pas la fin du monde. S'il ne veut pas passer du temps avec ta sublime personne, essaie de t'intéresser à quelqu'un d'autre. Et n'oublie pas que plus tu t'exerceras à demander à des garçons de sortir avec toi, moins cela t'ennuiera si tu essuies un refus.

L'approche « b » : protéger sa nuque

Il est tout à fait naturel de ressentir une certaine réserve lorsqu'il est question de demander à un garçon de sortir avec toi. Mais rester sur la défensive ne te lancera pas dans l'arène. Et tu dois t'y lancer… pour gagner. Il est possible de laisser un garçon savoir qu'il t'intéresse sans jouer le tout pour le tout. Être gentille, flirter et laisser entendre que tu es libre d'aller flâner sont des techniques utilisées depuis des siècles pour livrer un message. Le garçon de tes rêves se retrouvera en position parfaite pour te demander de sortir avec lui (s'il est intéressé) et tu ne cours aucun risque toi-même. Si le garçon qui t'intéresse est plus traditionnel, il appréciera peut-être se voir confier les rênes.

La philosophie : Si tu procèdes lentement, il finira par venir à toi.

La source d'inspiration : Marilyn Monroe

La mise à exécution : La ligne entre la traque et l'allusion est mince. Voici quelques façons infaillibles de lui laisser savoir qu'il t'intéresse sans avoir l'air d'une groupie.

Invite-le dans ton univers. Il est presque impossible de laisser savoir à un garçon qu'il t'intéresse sans aucune interaction. Pour l'intégrer à ton monde, invite-le à des fêtes ou des événements organisés par tes amis. Si tu l'invites à quelques événements et qu'il ne vient pas, c'est qu'il n'est probablement pas intéressé.

Parle-lui. Les humains interagissent entre eux chaque jour pour des millions de raisons. La prochaine fois que tu te retrouves à côté de lui dans la file du repas du midi ou que tu partages le même quart de travail, admire ouvertement sa chemise ou demande-lui de te raconter son week-end. Flirte un peu. En parlant davantage avec lui, il remarquera et appréciera davantage l'attention positive que tu manifestes envers lui.

Fais des allusions. Donne-lui la chance de te proposer facilement un rendez-vous en lui laissant savoir ce que tu aimes faire. Si tu aimerais aller au cinéma avec lui, dis-lui combien tu as hâte d'aller voir le tout dernier film d'horreur. Cela laisse la porte grande ouverte à une invitation.

Démontre ton soutien. Une façon extraordinaire de laisser savoir à un garçon qu'il t'intéresse est de démontrer de l'intérêt précisément envers lui. En assistant à son match de basket-ball ou en l'aidant à résoudre un problème de géométrie compliqué, non seulement tu te faufiles subtilement dans son monde, mais tu démontres que tu n'es pas indifférente, sans pour autant l'avouer ouvertement.

Règle d'or pour une *nouvelle* idylle

* Conquérir ton coup de cœur *

Soutenir son regard pendant un instant ou deux est une technique de flirt douce et discrète. Établir un contact visuel tout en discutant laisse non seulement transparaître la confiance extrême que tu as en toi, mais démontre aussi que tu es activement à l'écoute. S'il regarde un tantinet autour de lui, cela ne devrait pas être difficile.

Les risques : Parfois, mettre quelque chose sous le nez de quelqu'un ne suffit pas pour qu'il sente ce qui se passe. Si le garçon qui t'intéresse ne capte pas tes allusions, tu devras peut-être utiliser l'approche « a », plus directe. Mais il te faut procéder avec soin, car il n'est peut-être tout simplement pas intéressé. Si c'est le cas, les épisodes de flirt et toute la conversation du monde ne vont que l'ennuyer. Si tu t'aperçois qu'il se montre impatient avec toi, ou qu'il ne semble pas éprouver des sentiments réciproques, redresse le tir et passe à autre chose.

Règle d'or pour une *nouvelle* idylle

✻ Garder le sens de la réalité ✻

Si tu as déjà perché Sa divine Majesté sur un piédestal, détrône-la immédiatement. Bien que cela puisse te paraître inimaginable, ce garçon prend des vitamines, se brosse les dents (on l'espère) et embrasse sa maman tout comme toi. Il est préférable que tu prennes conscience rapidement de la réalité physique de ce garçon, car il est beaucoup plus facile de flirter avec quelqu'un que tu as mentalement catalogué de « divin, mais accessible » que d'approcher quelqu'un que tu considères comme un demi-dieu. Pour calmer ton euphorie mentale et biologique la prochaine fois que tu l'aperçois dans le corridor, souviens-toi que sous ses apparences, ce corps de nageur musclé a des besoins physiologiques, qu'il a ses propres craintes et qu'il peut se conduire de façon aussi ridicule que ta meilleure amie.

3

Saisir l'essentiel : où aller et quoi faire

Établir un plan

Si c'est toi qui invites, tu dois avoir un plan : où aller, quoi faire, et ainsi de suite. Et même si ce n'est pas toi qui invites, il n'y a pas de mal à avoir un plan de rechange, car des circonstances imprévues, comme le mauvais temps et des spectacles à guichets fermés, peuvent mener à des décisions de dernière minute pour le moins embarrassantes. Et, si la sortie qu'il te propose n'est pas intéressante, tu auras déjà un plan B fabuleux en poche.

Rendez-vous classiques

Un premier rendez-vous galant peut être assez énervant en soi sans que tu aies à planifier une sortie extraordinaire en plus. Pour conserver une ambiance détendue et garder les choses simples, opte pour un rendez-vous classique. Les sorties suivantes ont été éprouvées et ont fait l'affaire pour des générations entières.

1. Le repas au restaurant

Nous devons tous manger. En choisissant le restaurant, opte pour un endroit qui ne soit pas trop cher. Puisque de nombreux garçons offrent de payer l'addition, choisir le restaurant le plus dispendieux en ville est présomptueux et de mauvais goût, même si le homard est le meilleur qui soit. En ce qui concerne le choix des plats, évite ceux qui rendent l'haleine si rance et repoussante que même les menthes les plus fortes n'arrivent pas l'améliorer, comme les plats parfumés à l'ail. Évite aussi les sushis, les spaghettis et les côtes levées qui peuvent glisser des baguettes, des fourchettes et des doigts en un clin d'œil.

Au moment de commander ton repas, n'oublie pas que peu de garçons apprécient qu'une fille endosse le rôle de la starlette mal nourrie et qu'elle se contente d'une salade sans vinaigrette au lieu d'un vrai repas. Ce petit manège trahit ton insécurité et, pire encore, te laissera complètement affamée par la suite.

L'avantage : Partager un repas est une façon extraordinaire de miser sur le flirt.

Personne cible pour ce rendez-vous : L'adolescente qui aime parler. Le délai entre la commande et l'arrivée des plats est tout indiqué pour une conversation qui vise à apprendre à se connaître.

2. La séance de cinéma

Qui n'aime pas les divertissements ? La séance de cinéma est peut-être la première sortie la plus réussie parce que chacun de vous deux a l'occasion de rire, de pleurer et de vivre des histoires fantastiques sans devoir se montrer particulièrement brillant, émotionnellement accessible ou équipé pour un périple intergalactique.

Bien que tu puisses mourir d'envie de voir le nouveau film de Reese Witherspoon, demande-toi si ton nouveau flirt est du genre à aimer les comédies romantiques. Mieux encore, demande-le-lui. S'il n'apprécie pas les larmes et les scènes d'amour à l'eau de rose, va voir ce film une autre fois avec tes amies et choisis un film plus neutre.

L'avantage : Saisir plusieurs occasions faites sur mesure de se câliner dans le noir sans devoir enlever ses vêtements.

Personne cible pour ce rendez-vous : L'adolescente timide ou très nerveuse. Les personnages du film sont ceux qui assurent la conversation, même dans les productions les plus mauvaises. De plus, l'intrigue du film (ou l'absence d'histoire) vous donne matière à discuter par la suite.

3. La danse d'école

Malgré le décor souvent peu inspirant, ce rendez-vous regorge d'éléments romantiques traditionnels : des lumières tamisées, de la musique lente et des tenues chic. C'est l'occasion rêvée d'enfiler la robe bustier que tu mourais d'envie de porter sans avoir l'air d'y avoir mis trop d'efforts. Tu te retrouves par ailleurs avec beaucoup d'autres gens, mais lorsque vient la suite de chansons *R&B*, ton partenaire est déjà tout désigné.

L'avantage : Danser joue contre joue, bien sûr.

Personne cible pour ce rendez-vous : L'adolescente qui aime les traditions, l'élégance et les garçons en complet qui ne s'offusquent pas de la présence d'une horde de chaperons vigilants.

4. La fête avec les amis

Ce rendez-vous est du genre « qui n'engage à rien ». Tu te présentes à la fête, un beau garçon au bras, mais tu as toujours la possibilité de danser avec d'autres personnes. Ce genre de rendez-vous peut s'avérer difficile à gérer, car il est important que tu accordes au garçon qui t'accompagne son autonomie et du temps pour qu'il puisse se mêler aux autres de son côté, sans pour autant oublier que tu es venue avec lui. Assure-toi de t'occuper de lui de temps à autre et de l'entraîner sur le plancher de danse, histoire de flirter et de t'amuser avec lui.

L'avantage : Te retrouver avec ton groupe d'amis *et* profiter de l'occasion pour voler quelques baisers à ton chevalier servant.

Personne cible pour ce rendez-vous : l'adolescente populaire qui ne veut rater aucune occasion.

Un rendez-vous moins traditionnel

Si ton coup de cœur et toi préférez des rendez-vous moins classiques que les danses d'école, les événements sportifs, les fêtes ou les autres activités auxquelles s'adonnent la plupart des jeunes, opte pour un premier rendez-vous plus créatif. Sans que ce soit une promenade à bord d'un jet privé, un repas quatre services à bord d'un yacht ou un rendez-vous fantastique du genre hollywoodien (avec une intrigue irréelle) qui requiert un budget d'un million de dollars. Le manque d'argent ou l'absence de technologie cinématographique ne devrait pas t'empêcher d'organiser un premier rendez-vous exceptionnel. Essaie l'une des idées abordables suivantes ou élabore un grand rendez-vous de ton cru.

1. En apprendre sur ce qu'il aime ou lui enseigner

Ton flirt et toi ne connaîtrez peut-être pas beaucoup de choses l'un sur l'autre lors de votre premier rendez-vous. Une façon sûre d'accélérer la période « on apprend à se connaître » est d'offrir à ton cavalier de lui enseigner les rudiments de l'une de tes passions ou d'en apprendre sur l'une des siennes. Si tu es experte en équitation, offre-lui de l'amener en promenade. S'il est un fanatique des motos hors route, demande-lui de passer l'après-midi à apprendre comment atterrir après un saut (assure-toi de porter des genouillères).

Il est important de garder en tête qu'il est essentiel de faire preuve de patience et d'humilité en situation d'apprentissage ou d'enseignement. Tu n'épateras peut-être pas la galerie la première fois que tu te présenteras à la cage des frappeurs, mais les retraits sur trois prises ne doivent pas te mettre d'humeur massacrante.

L'avantage : Partager des passions et apprendre de nouvelles habiletés.

Personne cible pour ce rendez-vous : L'adolescente aventurière.

2. Peaufiner son jeu

On dit souvent que le couple qui joue ensemble demeure ensemble. Pourquoi ne pas tester la véracité de ce dicton en intégrant une compétition amicale à ton premier rendez-vous ? Organiser une partie de quilles, de mini-golf ou une visite aux arcades pour jouer à d'anciens jeux vidéo est une excellente façon de passer du temps de qualité ensemble et d'établir un contact physique enjoué. Les compétitions amicales sont aussi parfaites pour les sorties en couple.

Essaie d'organiser une soirée de poker ou une partie de jeu de poursuite laser tout en t'assurant que vous êtes, ton flirt et toi, dans la même équipe.

L'avantage : Flirter sans ressentir de tension. Une partie de Twister, quelqu'un ?

Personnes cibles pour ce rendez-vous : Les genres interactifs ou sportifs qui ne se prennent pas trop au sérieux.

3. Figurer dans un vidéoclip ou sur des photos

Si ton coup de cœur est du genre cinématographe, essaie de le courtiser à l'aide d'un plan artistique. Il existe d'autres façons de faire preuve de créativité que d'organiser une séance de peinture sur céramique lors d'un rendez-vous galant ! Demande plutôt à ton flirt de filmer et d'éditer un vidéoclip sur YouTube avec toi. Ou partez tous les deux en promenade, munis de quelques appareils-photos jetables, faites développer les photos pendant que vous mangez un morceau, ou échangez les cartes à mémoire et partagez les photos lors de votre prochaine rencontre.

L'avantage : Un coup d'œil exclusif au fond de son âme.

Personne cible pour ce rendez-vous : L'adolescente photographe.

4. Acheter des billets pour un spectacle

Que tu préfères la musique, le théâtre ou les sports alternatifs, acheter des billets pour un événement spécial est une façon extraordinaire de marquer des points sur le plan de la créativité. Si ton café du coin préféré organise une séance à microphone ouvert ou qu'un comédien en herbe se produit en spectacle, mets la main sur des billets quelques jours à l'avance (en t'assurant de présenter ta carte d'étudiante, puisque bon nombre d'endroits accordent un rabais aux étudiants). Si ton copain et toi aimez le hip-hop et que tu entends parler de la tenue d'un concours entre animateurs, saisis l'occasion de faire étalage de tes talents les plus méconnus.

L'avantage : Montrer à ton copain que tu te tiens à la fine pointe de la culture à la mode.

Personne cible pour ce rendez-vous : l'adolescente avant-gardiste.

4

Toi par rapport à ceux qui « essaient » de mener ta vie: des stratégies gagnantes pour mériter l'approbation de tes parents

Opération feu vert

Obtenir de tes parents qu'ils te laissent aller à ton rendez-vous peut s'avérer facile ou très difficile, selon la personnalité de ces derniers. Si tes parents sont du genre détendus, peut-être es-tu déjà habituée à établir tes propres règles (si c'est ton cas, remercie ta bonne étoile). Mais pour l'adolescente qui doit pratiquement remettre à ses parents un fichier Excel contenant une liste des activités qu'elle a prévues pour l'après-midi ainsi qu'une liste de coordonnées avant de quitter la maison, obtenir la permission d'aller à son rendez-vous peut lui sembler aussi réaliste que de devenir premier ministre.

Mais ne t'en fais pas ! Tu n'as qu'à te montrer sous un jour plus sophistiqué et responsable pour que tes parents te laissent sortir avec un garçon, faire preuve d'une bonne dose de persuasion et présenter un cas solide.

Préparer ta plaidoirie

L'approche utilisée est critique lorsque tu t'efforces d'obtenir ce que tu veux. Pour amener ton papa judicieux à te dire « oui », le meilleur moyen est de présenter ton cas de façon précise, comme un avocat préparerait sa plaidoirie.

Mais avant de présenter ton cas, il est important que tu choisisses le moment où tu parleras à tes parents, un moment pendant lequel ils t'accorderont toute leur attention (petit conseil : s'ils sont en train d'essayer de calmer ton petit frère névrosé tout en préparant le dîner, tu ferais mieux de ronger ton frein). Tu as aussi intérêt à choisir un moment où tes parents sont détendus, après une séance d'entraînement, par exemple. Des études ont démontré que la libération d'endorphines lors d'exercices physiques rehausse l'humeur et c'est exactement ce que tu veux. D'humeur calme et non réactionnelle, tes parents ne prendront aucune décision hâtive en fonction d'un niveau de stress élevé. Si tes parents ne sont JAMAIS d'humeur sereine, essaie de trouver un moment propice à la discussion, pour qu'à tout le moins ils puissent écouter attentivement ce que tu as à leur dire.

LA MAUVAISE FAÇON

Toi : Hé, papa ! Je me demandais si je pouvais sortir vendredi soir.

Papa : Me tendrais-tu ce tube de colle et me dénicherais-tu un timbre-poste ? Je n'ai que 6 minutes pour déposer ce contrat au bureau de poste.

Mets un terme à ta mission et essaie à nouveau lorsque papa est moins tendu.

LA BONNE FAÇON

Toi : Hé, papa ! Comment vas-tu ?

Papa : Pas mal. Ta mère est sortie jouer au tennis avec la voisine et je suis sur le point de m'offrir en catimini une coupe glacée à la sauce chaude chocolatée.

Saisis l'occasion et offre-lui de verser la sauce au chocolat.

Lorsque tu as toute l'attention de tes parents, tu peux commencer ta plaidoirie. Dis-leur que tu aimerais sortir avec ton nouveau flirt et que les raisons de te laisser aller seule à ce rendez-vous sécuritaire et fantastique sont nombreuses et en accord avec leurs principes.

Étape « a » : établir le profil du candidat

À l'encontre des juges de notre système juridique, tes parents considéreront peut-être ton flirt coupable jusqu'à preuve de son innocence ! Si ton père ne sait rien au sujet de ton copain mystère ou que ta mère est convaincue que ce joueur de basket-ball aime également jouer hors terrain, tu dois en arriver à remplacer leurs illusions anxieuses par un sentiment de sécurité, à l'aide de l'étape « a », qui consiste à présenter quelques faits sur ton copain.

Révèle à tes parents son identité; fais-leur part de ce qu'il aime faire, de quelle est sa matière préférée en classe, ou partage toute information qui mettra aux yeux de tes parents un visage humain et amical sur la bête horrible qui veut sortir avec leur fille.

En partageant de nombreux faits positifs sur ton copain, tu donneras l'impression à tes parents de mieux le connaître et les chances qu'ils te laissent sortir avec lui seront meilleures. Évidemment, rien ne t'oblige à *tout* révéler. Tu peux omettre, par exemple, de dire que Marilyn Manson est son idole ou qu'il arrive en retard en classe tous les jours. En révélant à tes parents quelques faits de base à son sujet, tu minimises les chances qu'ils s'opposent avec véhémence à ton rendez-vous.

LA MAUVAISE FAÇON

Maman, ce garçon est trop extraordinaire ! Il est stagiaire chez Harley-Davidson et possède son propre matériel pour faire des tatouages.

LA BONNE FAÇON

Maman, ce garçon est trop extraordinaire ! Il a déjà obtenu un stage pour apprendre la mécanique et il trouve le temps de travailler sur son art chaque jour.

Étape « b » : partager tes intentions et les limites établies

Maintenant que tu as apaisé les craintes de tes parents en partageant quelques faits sur la personnalité de ce garçon, tu peux les impressionner en passant à l'étape « b ». Cette étape consiste à partager les limites que tu as établies, y compris les intentions que tu entretiens par rapport à ton rendez-vous galant, et la logistique de ta sortie (qui, quoi, quand et où). Bien que tes parents aient sans doute exigé cette information de ta part, le fait d'offrir ces renseignements avant qu'ils le demandent leur démontre que tu préconises une approche proactive en ce qui concerne ta sécurité. Ce geste très adulte te permettra de marquer une myriade de points.

Disons qu'à ton avis tu connais déjà ton flirt assez bien, mais que vous n'avez pas encore eu la chance de vous retrouver seul à seul. Lors de ton rendez-vous galant, tu t'attends à le connaître davantage et à échanger un baiser si le cœur t'en dit, tout en conservant les choses en mode « contrôle parental » jusqu'à ce que vous soyez sortis ensemble plusieurs fois. Partage cette information avec tes parents. (De toute façon, c'est une bonne chose de songer à l'importance que tu veux accorder à l'aspect physique d'une relation. Le chapitre suivant offre plus de détails sur cet aspect.)

Si le fait d'aborder la question d'embrasser ton copain avec tes parents te paraît trop étrange, aborde le tout dans des termes plus larges pour expliquer ta position sur le sujet.

L'objectif est que tes parents se sentent confortables avec tes choix, que tu leur prouves que tu as eu la prévoyance d'établir des limites raisonnables pour ton rendez-vous. Une mise en garde s'impose cependant; dans bien des cas, les parents peuvent s'objecter en brandissant le fameux « ce n'est pas toi en qui je n'ai pas confiance, mais en lui ». Aborde le sujet de ta sécurité. Dis-leur que tes amis seront présents à ce rendez-vous, ou que tu ne fréquenteras que des endroits publics avec ton copain. Promets-leur de les appeler à une heure fixe si tu crois que cela aidera ta cause. Cette tactique sophistiquée mettra un terme à toute forme de paranoïa parentale et permettra à tes parents d'envisager sincèrement ta proposition.

LA MAUVAISE FAÇON

Papa : Je ne fais pas confiance à ce bon à rien.

Toi : Ne t'en fais pas, papa. Il a beaucoup d'expérience et il sait ce qu'il fait.

Papa : C'est exactement mon point de vue. Tu veux tomber enceinte ?

Toi : Je veux plutôt que tu me laisses tranquille ! Et quoi encore ! Je vais sortir avec ce garçon que tu me le permettes ou non.

Papa : Non seulement est-il hors de question que tu sortes avec ce garçon, mais tu ne sors pas de cette maison de tout le week-end, jeune demoiselle !

Mission *tellement* non accomplie.

LA BONNE FAÇON

Papa : Je ne fais pas confiance à ce bon à rien.

Toi : Papa, il n'est pas un bon à rien. Il suit des cours enrichis et vit chez ses parents tout comme moi. Il veut tout simplement m'amener à un concert.

Papa : J'ai déjà été un adolescent, moi aussi. Je sais ce que ce garçon veut *vraiment*.

Toi : Tu ne m'as pas élevée à être aussi influençable. Et nous passerons la soirée dans un endroit public.

Papa : Si tu n'es pas de retour à 23 h, ce sera le dernier premier rendez-vous de ta vie.

Mission accomplie !

Étape « C » : établir tes propres règles

Pour conclure le tout, recommande tes propres règles à tes parents. Propose une heure raisonnable pour rentrer et confirme qui tu vas appeler à heure fixe. Tu seras peut-être tentée d'exagérer lors de ton rendez-vous; ne rentrer qu'à 3 h, appeler ta meilleure amie à une heure fixe et te promener en moto avec ton flirt peut te sembler parfaitement légitime. Mais secoue-toi. Il est essentiel que tes règles soient réalistes et en synergie avec celles que tes parents pourraient t'imposer. L'objectif est d'obtenir la permission d'aller à ton rendez-vous et, pour cela, tu devras faire quelques compromis ou en faire de nombreux.

LA MAUVAISE FAÇON

Toi : J'ai rendez-vous avec Joe samedi soir.

Maman : Qui est Joe ?

Toi : Un garçon.

Maman : Où allez-vous ?

Toi : Je viens de te le dire. Nous SORTONS !

Maman : Et quand crois-tu RENTRER ?

Toi : Vers 2 ou 3 h. Lorsque le club fermera pour la nuit.

Maman : Dans tes rêves. Fin de la discussion.

LA BONNE FAÇON

Toi : Je pensais que, Joe et moi, nous pourrions aller à la fête foraine pour nous voir un peu samedi soir.

Maman : Qui est Joe ?

Toi : Joe est un garçon que j'ai rencontré au parc de planchistes. Jeanne viendra aussi. Je t'enverrai un message texte lorsque nous serons arrivés pour te laisser savoir que tout va bien.

Maman : Bon. D'accord...

Toi : Si je rentre à 22 h 30 ou 23 h, est-ce que cela te va ?

Maman : disons 22 h 30.

Toi : Parfait. Merci, maman !

Bien qu'à tes yeux minuit soit un couvre-feu raisonnable, tu ferais mieux de te ranger du côté, du style et du point de vue de tes parents, sachant que ces derniers exigeraient probablement de toi que tu rentres plus tôt. S'ils te regardent toujours de travers, même lorsque tu suggères ce que tu considères être un couvre-feu raisonnable, demande-leur de faire leur part et de négocier. Cela t'ennuiera peut-être au début d'accepter de rentrer plus tôt, mais à la longue, tu seras en mesure de repousser l'heure de ton couvre-feu lorsque tu auras démontré ton aptitude à établir des règles et à les respecter.

Et, bien qu'il te soit conseillé de te préparer comme tu le ferais pour une bataille juridique, n'oublie pas qu'il s'agit en fait d'une négociation civile et non du procès du siècle. Tes parents entretiennent peut-être quelques idées démodées, mais assure-toi de garder ton calme et de discuter sans élever la voix. Écoute leur point de vue et présente-leur ton copain avant la date de votre rendez-vous; cette requête populaire ne peut toujours être évitée.

Règle d'or pour une *nouvelle* idylle

✻ Demeurer hors ligne ✻

Bien que ce soit l'évidence même, ne t'aventure jamais à rencontrer seule quelqu'un dont tu as fait la connaissance en ligne. Les gens qui naviguent sur Internet peuvent mentir, en plus d'être fous à lier. La meilleure façon de faire la connaissance d'un garçon que tu as rencontré en ligne est la sortie en groupe. Tu bénéficieras du soutien de tes amis si le garçon s'avère étrange ou s'il recherche plus qu'une « conversation sincère accompagnée d'une bonne tasse de thé ».

5

Les attentes en ce qui concerne le rendez-vous: établir un contrat d'intentions et noter les drapeaux rouges

Établir ta ligne de conduite

Tes parents peuvent parfois se montrer gênants, mais ils peuvent aussi avoir raison; leur radar pour la sécurité est aussi finement réglé que ton radar pour l'amusement.

Les films adaptés pour la télévision, les articles de magazines et les cours d'éducation sexuelle ont longtemps mariné avec prudence dans les scénarios du genre « le garçon séduit la fille, le garçon amène la fille à faire quelque chose contre son gré et la fille se retrouve avec des cicatrices psychologiques ». Cette formule toute simple est passée dans les coutumes adolescentes pour une raison : elle se produit bien plus souvent que tu peux le penser.

Peut-être te considères-tu comme une fille trop forte pour être une *telle* fille, mais les situations imprévues sont monnaie courante lors des premiers rendez-vous, elles peuvent te prendre au dépourvu et te faire réagir différemment de la façon dont tu réagirais en temps normal. Pour éviter le cliché de la fille qui se retrouve en victime, établis un contrat envers toi-même, comprenant des règles et des paramètres, qui te permettra de garder le contrôle pendant que ton copain et toi profitez de votre sortie.

Dans le contrat que tu rédigeras à la fin de ce chapitre, tu préciseras *la raison* pour laquelle tu désires sortir avec ce garçon, *la façon* dont tu veux être traitée, et *quelles sont* les limites physiques que tu entends observer.

Pourquoi veux-tu sortir avec ce garçon

Dans un premier temps, tu dois te demander pourquoi tu tiens à sortir avec ce garçon (mis à part le fait qu'il soit extraordinaire et populaire évidemment). La plupart des premiers rendez-vous galants naissent du fait que l'on veuille connaître un garçon seul à seul, au-delà de son style détendu ou du sens de l'humour aiguisé qu'il brandit en classe.

Cependant, si tu désires sortir avec ce garçon pour attiser la jalousie de quelqu'un ou pour faire étalage de sa personne comme s'il t'appartenait exclusivement, il est préférable que tu revoies tes plans. Si la raison numéro un est de donner un coup de pouce à ton estime personnelle, cela est quelque chose que tu devrais réussir par toi-même; sortir avec un garçon pour cause d'arrière-pensées ne peut que blesser les sentiments de quelqu'un et ternir ta réputation.

Comment désires-tu être traitée

La prochaine étape consiste à établir comment tu désires que ton copain te traite. Il n'est pas question ici de repas pris dans un restaurant chic ou de bouquet de fleurs (bien que ces attentions soient certainement gentilles). Il s'agit plutôt d'éléments non négociables, à savoir le respect, la courtoisie et l'honneur.

Ton copain devrait idéalement :

1. Écouter ce que tu as à dire sans dénigrer tes idées et tes suggestions.

2. Se montrer affectueux, mais PAS TROP.

3. Communiquer avec toi de façon directe et emphatique.

4. Faire preuve de souplesse s'il est question de modifier les plans.

5. Respecter tes limites, sans te pousser à faire ou à parler de choses contre ton gré.

Identifier la façon dont tu souhaites être traitée te permet non seulement d'établir des normes pour toi-même, mais aussi de propulser tes besoins au premier plan de tes préoccupations. Si ton copain ne rencontre pas les normes que tu as établies pour votre premier rendez-vous, tu seras plus apte à t'en rendre compte sur-le-champ plutôt qu'après coup et tu pourras affirmer tes positions (ou t'en aller) au besoin.

Règle d'or pour une *nouvelle* **idylle**

Identifier une personne-ressource
*** avec qui communiquer ***

Avant de quitter la maison, identifie une personne comme contact d'urgence qui sera disponible pour t'aider si les choses devaient mal tourner pendant ta sortie. Nomme une amie ou un membre de ta famille qui t'appellera à l'heure convenue et qui peut venir te chercher au besoin..

Établir tes limites sur le plan physique

Tu te souviens d'avoir partagé en quoi consistent tes limites avec tes parents ? Cette partie du contrat t'aidera à consolider ces limites et te préparera à les honorer. Pour ce faire, envisage un instant ce à quoi tu t'attends sur le plan physique, lors de ton rendez-vous. Quel degré d'intimité désires-tu atteindre avec ce garçon ? Peut-être aimerais-tu échanger quelques baisers avec lui si vous en avez tous les deux envie, tout en gardant les choses en mode « basse vitesse ». Peut-être préfères-tu ne pas l'embrasser avant de mieux le connaître (si tu connais à peine ce garçon, tu désires sans doute apprendre qui il est avant de passer en mode « physique »).

Il est facile de se laisser emporter lorsque les baisers s'enflamment, ou de céder aux besoins de ton copain sans considérer les tiens. En établissant tes limites personnelles au préalable, alors que tu as encore l'esprit clair, tu seras en mesure de garder les pieds sur terre et de garder ta dignité au milieu de l'action. Bien que les intentions de ton copain ne soient peut-être pas les mêmes que les tiennes sur ce plan, cela ne devrait pas poser problème si ton copain se montre à l'écoute de tes besoins en respectant tes décisions.

Rédiger ton contrat

Sers-toi du contrat à la page suivante pour rédiger tes attentes et établir tes limites pour ton prochain premier rendez-vous (oui, les cœurs et les petits dessins sont permis). Puisque tes sentiments ne seront pas les mêmes pour chaque garçon, ni envers toi-même au fur et à mesure que tu grandis, il est important de prendre le temps d'établir ta ligne de conduite chaque fois que tu sors avec un nouveau flirt. Cette façon de faire t'aidera à garder le contrôle et à maintenir un parcours positif.

Pendant la sortie, reste attentive au fait que ton copain respecte tes besoins ou qu'il les ignore. S'il les ignore, prends les choses en main et fais ce que tu dois faire pour rétablir le cours des choses. Sers-toi de ton contrat comme guide et fais preuve du même degré de respect et d'égard que tu exiges pour toi-même (souviens-toi qu'il n'est pas UNIQUEMENT question de toi).

Mon contrat d'intentions	
Date :	
Garçon :	
Mes raisons de sortir avec lui :	
La façon dont je veux être traitée (le respect que je veux qu'on démontre envers moi) :	
Mes limites sur le plan physique :	
J'ai signé :	

Drapeau rouge!

Lorsqu'il est question de garçons, tous les goûts sont dans la nature; certaines filles préfèrent le genre joli garçon, d'autres, le type mystérieux ou le petit maigrichon génie des mathématiques, ou encore l'athlète de l'école. Mais *aucune fille* n'aime les peureux de premier ordre. Maintenant que tu as songé à la façon dont tu veux être traitée, porte une attention particulière aux drapeaux rouges suivants; ils t'aideront à éviter les garçons contre lesquels ta maman t'a mise (ou non) en garde.

1 Il est beaucoup plus âgé que toi

Certaines filles résistent avec difficulté aux charmes d'un homme plus âgé. Parce que les filles mûrissent en général plus rapidement que les garçons, un flirt quelque peu plus âgé peut sembler le compagnon idéal. Mais, lorsque ce garçon est dans la vingtaine et que la fille n'est encore qu'une adolescente, il faut se méfier. Lorsqu'il fréquente une fille, un garçon beaucoup plus âgé a des objectifs différents qui incluent habituellement les relations sexuelles. Bien que certains garçons croient qu'il est plus facile de sortir avec une adolescente de 15 ans, car il est potentiellement plus facile de manipuler cette dernière, une fille intelligente n'a vraiment pas intérêt à leur donner raison.

2 Il ne donne pas suite à ce qu'il s'est engagé à faire

S'il passe te chercher en retard ou s'il ne t'appelle pas à l'heure convenue, il est fort probable que sa tendance à manquer d'égards ira en s'accentuant lorsqu'il sera plus à l'aise avec toi.

3 Il refuse de rencontrer tes parents

Bien qu'il soit parfois pénible de rencontrer les parents, et ce, particulièrement pour le garçon plus timide, cette étape est bien souvent nécessaire. Si ton copain refuse de rencontrer tes parents, peut-être que cela est dû à la nervosité et il n'a alors besoin que d'un peu d'encouragement de ta part. Mais s'il refuse catégoriquement de bouger, il préfère peut être conserver l'anonymat, ce qui augure mal au chapitre de la confiance à investir en lui.

4 Il passe toujours en premier

Que ce soit pour passer la porte ou choisir le film à voir, il est important que ton copain prenne tes sentiments en compte et qu'il les fasse parfois passer en premier. Comment peut-il en venir à se soucier de toi s'il ne pense qu'à lui, lui, lui ?

5 Il se présente non préparé pour votre rendez-vous

Vous arrivez à destination, et oh, surprise ! Il a oublié son portefeuille. Qui plus est, il ne semble pas le moins du monde embarrassé de ce fait et il s'attend à ce que tu paies la note. Alerte au parasite ! Tu es peut-être une fille cool, mais tu n'es pas sa protectrice ! Nous essayons tous de faire la meilleure impression possible lors d'un premier rendez-vous, mais s'il compte sur toi pour lui avancer de l'argent dès maintenant, il est probable qu'il s'attende à ce que tu continues à payer les frais et qu'il profite de toi.

6 Il émet une remarque vulgaire qui laisse beaucoup à désirer

Avant de réagir à son commentaire idiot, respire un bon coup, puis demande-lui calmement de s'expliquer. Il se peut que tu aies mal compris ce qu'il voulait dire et une raillerie mal envoyée peut tomber à plat. Mais si son commentaire est réellement sexiste, raciste, homophobe ou autre, fais-lui savoir que cela est moche. Et considère-toi prévenue, cet aspect de son caractère ne va probablement pas changer.

7 Il ne sait pas comment contrôler sa colère

Bien que chacun éprouve des moments de frustration, les choses peuvent devenir carrément déplaisantes si ton copain soulage sa frustration sur tous ceux qui l'entourent.

Bien que tu puisses être tentée de te dire que tout est bien pourvu qu'il se défoule sur le préposé aux billets au cinéma, sur les usagers de la route et sur son téléphone portable plutôt que sur toi, arrête tout de suite. Ce n'est qu'une question de temps avant qu'il ne s'en prenne aussi à toi.

D'ailleurs, tes parents ne crient-ils pas assez comme cela sans que tu essuies la colère de quelqu'un d'autre ?

8 Il met ta sécurité en danger

Qu'il joue à conduire la voiture comme un pilote de la NASCAR ou qu'il boive sans retenue lors d'une fête à laquelle vous assistez tous les deux, une conduite irresponsable peut non seulement mettre un terme à ton plaisir, mais aussi à ta vie. Au moindre signe d'inconfort pendant ton rendez-vous, n'hésite pas à le lui faire savoir. Si ton copain a su garder quelque peu la tête froide, il respectera peut-être ta volonté et modifiera sa conduite. N'accorde aucune importance au fait d'avoir l'air d'une sainte-nitouche. Tu dois te protéger contre une situation potentiellement dangereuse.

S'il se montre incapable de respecter ta volonté, appelle la personne-ressource que tu as désignée (p.62) pour venir te chercher, en cas d'urgence, si les choses vont mal. Dès l'arrivée de cette personne, informe calmement ton copain que tu as décidé de rentrer chez toi. Tes émotions seront sens dessus dessous, mais évite de lui dire des bêtises ou de faire une scène; cela ne fera qu'aggraver la situation.

6

Feu, garde-robe…, action!

Comment créer le style parfait pour ton rendez-vous galant

Relations intimes (avec ta garde-robe)

Alors, tu as réussi à obtenir un rendez-vous avec le garçon qui te donne des papillons dans le ventre ? La question suivante vaut à elle seule son pesant d'or : mais qu'est-ce que tu vas *mettre* ? Le but est d'agencer un ensemble extraordinaire dans lequel tu te sentiras parfaitement à l'aise. Si tu n'as pas d'argent pour t'acheter une nouvelle tenue et que tu ne vois que les vêtements défraîchis de la saison dernière chaque fois que tu consultes ton placard, dis-toi que celui-ci renferme quand même quelque chose qui mettra ton joli petit derrière bien en évidence. Si seulement on avait inventé un GPS pour naviguer dans les placards !

Ne t'en fais pas. Des vêtements neufs ne sont pas nécessaires; il te faut tout simplement réinventer ceux que tu possèdes déjà ! Quelques jours avant ton rendez-vous, projette de revisiter ta garde-robe de fond en comble. Le moment est venu de refaire connaissance avec ce qui sommeille derrière les premiers cintres de ton placard.

L'habit fait le moine

Ce que l'on dit au sujet des premières impressions est tout à fait vrai. Bien que ton copain ait pu te voir une myriade de fois auparavant, le premier coup d'œil qu'il t'accordera lors de votre rendez-vous galant LAISSERA un impact. Alors, pose-toi la question suivante : quel message veux-tu livrer avec ton style ?

Si tu veux sembler accessible et mignonne, opte pour le denim et un maquillage léger. Si tu veux démontrer que tu es une fille qui aime l'action, enfile des espadrilles et un débardeur ajusté.

La façon dont tu t'habilles renseigne non seulement sur le genre de fille que tu es, mais donne également le ton à la soirée. Si tu es vêtue d'une jupe droite et que tu portes des chaussures à talons hauts, ton flirt ne suggérera probablement pas d'aller frapper quelques balles ou de jouer une partie de mini-golf, bien que cela soit une bonne chose si tu n'es pas exactement Sporty Spice. Les idées suivantes t'aideront à te vêtir afin de refléter qui tu es et de passer un rendez-vous galant digne de tes attentes.

Allure créative ou artistique

La raison: pour démontrer que tu n'abandonnes pas ton cours d'art journalier pour n'importe qui.

La demoiselle en question: Molly Ringwald dans *Rose Bonbon*.

Les matériaux de construction: une robe asymétrique, des chaussures funky et un sac à main que tu as confectionné à la dernière minute.

Allure sportive ou active

La raison: parce que ton copain doit être du genre à accepter de se faire battre à plate couture en jouant au poker.

La demoiselle en question: Keira Knightley dans *Joue-la comme Beckham*

Les matériaux de construction: un débardeur côtelé, une jupe enfilée sur un pantalon et des chaussures Vans ou toute tenue mignonne qui te permet de bouger à ton aise.

Allure bohème

La raison : parce que tu veux connaître son opinion sur l'éthanol et le biodiesel.

La demoiselle en question : Kate Hudson dans *Presque célèbre.*

Les matériaux de construction : des hauts en tricot ornés de billes et des jupes flottantes confortables.

Style de rockeuse

La raison : parce que tu préfères de loin assister à un concert rock plutôt que discuter dans un café.

La demoiselle en question : Mary-Kate Olsen dans *Escapade à New York.*

Les matériaux de construction : un tee-shirt ironique, un jeans vieilli, une ceinture en cuir à rivets et les yeux bordés de khôl.

Allure coquette et séduisante

La raison : parce que tout le monde aime se surgeler les méninges en mangeant une glace et en regardant le dernier film de Will Ferrell.

La demoiselle en question : Hilary Duff dans... tous ses films.

Les matériaux de construction : un chandail cache-cœur, une minijupe et des ballerines.

Style classique ou mondain

La raison : parce que la façon idéale de connaître quelqu'un est de converser intensément à l'occasion d'un dîner.

La demoiselle en question : Jacqueline Kennedy Onassis.

Les matériaux de construction : un polo, une jupe bouffante et des chaussures à talons bobines.

Amuse-toi à agencer tes vêtements

Maintenant que tu sais quel message ta tenue va livrer, il est temps d'examiner ton placard. Au son de ta musique préférée, enlève tout ce qui encombre ton lit, ferme ton téléphone (ou règle-le en mode « vibration ») et fais preuve d'ouverture d'esprit. Lorsque tu cherches quelque chose à te mettre, *rien* n'est interdit.

1. Les choix évidents incluront les vêtements ou les accessoires que tu portes fréquemment en alternance, c'est-à-dire ceux dont tu ne pourrais te passer, comme ton jeans parfaitement vieilli ou ton nouveau sac à main. Retire-les de ton placard ou de ta pile de linge sale (à moins qu'ils ne soient complètement défraîchis) et pose-les sur ton lit.

2. Passe en revue TOUS les vêtements encore accrochés aux cintres et retire tous ceux qui pourraient s'agencer avec ceux qui se trouvent déjà sur ton lit. Si un article attire ton regard, mais que tu n'es pas certaine qu'il va bien s'agencer, retire-le quand même de ton placard. Le but recherché est de faire des essais. Si l'agencement des couleurs suffit à te donner la nausée, tu as toujours la possibilité d'éliminer cette tenue et de l'effacer de ta mémoire. Personne ne sera témoin de ta séance d'essayage dans l'intimité de ta chambre, à moins que tu n'oublies de fermer les stores !

3. Procède de la même façon avec les vêtements rangés dans ta commode. N'aie pas peur de faire à nouveau connaissance avec le haut crocheté que tu as mis de côté il y a quelques années. Il sera peut-être sensationnel une fois agencé à ce bas imprimé à têtes de mort. Et n'oublie pas de vérifier ton tiroir à sous-vêtements; la bonne camisole peut redonner de la classe à un chemisier révélateur.

4. Après avoir étalé toutes tes options sur ton lit, enfile-les en les agençant différemment. Réinvente tes règles sur le style; si tu n'as jamais porté une paire de bottes avec une jupe courte, essaie ces deux morceaux ensemble. Le résultat te surprendra peut-être.

5. Si un article te semblait mignon sur le cintre, mais qu'il l'est un peu moins lorsque tu le portes, relègue-le au fond du placard (ou fais plaisir à ta mère et suspends-le sur un cintre). Il est préférable que tu l'enlèves dès maintenant de ta vue pour

ne pas t'embrouiller les idées en le portant de nouveau plus tard. Si un article te semble mignon, mais qu'il ne s'agence pas avec tes autres vêtements, mets celui-ci de côté également.

6. Assure-toi de te regarder dans la glace sous tous les angles. Les minijupes sont coquettes, mais ne doivent pas remplacer l'imagination. Si la jupe ne couvre pas tout ton derrière lorsque tu t'assieds sur une chaise, revêts une paire de leggings ou une jupe plus longue.

7. Ramène tes choix à quelques tenues que tu ne rangeras pas. Trouve des chaussures, des vestes et des accessoires assortis qui s'agencent bien aux tenues que tu as retenues; tu disposes maintenant de plus d'un ensemble parmi lesquels choisir le jour de ton rendez-vous. La flexibilité que tu viens de t'accorder te permettra de choisir la tenue gagnante selon ton humeur ce jour-là.

8. Donne-toi une petite tape dans le dos (sans pour autant salir ta chemise). Tu mérites quelques points en prime si tu as réussi à convaincre tes parents que tu viens de passer tout ce temps à faire tes devoirs.

Mets au point ta tenue

Quelle misère, les petits problèmes de garde-robe! La jupe portefeuille qui s'est déroulée au vent, les petites culottes qui se sont hissées au-dessus de la ceinture de ton jeans à taille basse. Et que dire du sein impudent de Janet Jackson qui a fait son apparition lors du spectacle de la mi-temps pendant le

Super Bowl XXXVIII devant des millions de téléspectateurs ! Ce qui peut sembler impeccable lorsque tu te tiens immobile devant une glace peut s'avérer mortifiant lorsque tu bouges. Et la dernière chose que tu désires est de sentir tes dessous glisser, voire pendant ton rendez-vous (ce qui serait encore pire que chez toi). Il te faut donc mettre au point ta tenue.

Avant de sortir, porte les unes après les autres tes tenues potentielles pendant que tu flânes dans ta chambre. Il te faut considérer les trois facteurs suivants : l'encolure du chemisier que tu portes bâille-t-elle lorsque tu t'assois et que tu te penches ? Ta minijupe offre-t-elle pleine vue sur Paris et sur Londres à la personne qui s'engage dans l'escalier derrière toi ? Arrives-tu à sauter sur place tout en conservant tes vêtements et ta poitrine bien en place ? Bien que tu puisses te sentir un peu sotte à répéter cette charade, il n'en reste pas moins que le fait de courir, sauter, t'étirer et te pencher t'aidera à établir si tes tenues sont convenables pour ton rendez-vous ou si elles te mènent tout droit vers le désastre. Par ailleurs, tu brûleras quelques calories en même temps !

Si tu n'es toujours pas certaine que ta tenue donne l'effet voulu ou si elle ne convient pas vraiment, demande l'opinion de quelqu'un d'autre. Ta mère et ta meilleure amie, reconnue pour son honnêteté brutale, sauront t'éclairer hors de tout doute.

Règle d'or pour une *nouvelle* idylle

* Savoir quand replier les jambes *

Contrairement à Lindsay Lohan, à Britney ou à Paris, l'idée n'est pas d'exposer les parties intimes de ta personne que tu ne montrerais même pas à ta meilleure amie. En descendant de voiture, replie tes jambes l'une contre l'autre, puis redéploie-les hors de la voiture en même temps et quitte le siège.

Peaufiner ton apparence rapidement

De but en blanc, ton nouveau flirt te donne rendez-vous au centre commercial. Dans une heure ! Et tu dois mettre 30 minutes pour t'y rendre ! « Bien sûr », tu réponds d'une voix calme, car après tout, tu es une fille pleine de ressources et spontanée. De plus, tu t'es déjà servie de la stratégie suivante pour te préparer pour un rendez-vous de dernière minute.

Une palette de couleurs est composée d'un groupe de trois ou quatre couleurs complémentaires. Chaque palette présente un thème qui lie les éléments d'une chambre à coucher, d'une salle de bain ou d'une ligne de vêtements. Les gourous de la mode ont constamment recours à des palettes de couleurs pour élaborer des tenues et, à partir de maintenant, tu auras accès à cette technique aussi.

Pour élaborer ta propre palette de couleurs, choisis trois des couleurs les plus populaires de ta garde-robe qui vont bien ensemble. Voici quelques exemples :

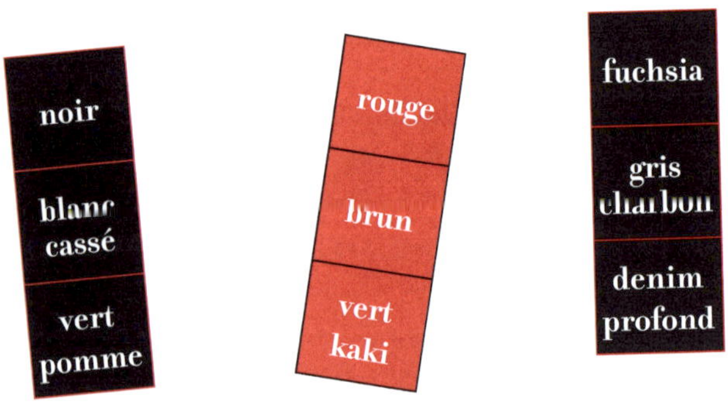

Identifie ta palette de couleurs :

couleur 1 :	couleur 2 :	couleur 3 :
____________	____________	____________

Retire de ton placard tous les vêtements dont les couleurs font partie de chaque palette et étale-les sur ton lit.

Classe les cinq pièces que tu préfères en ordre décroissant (1 étant le plus élevé) :

1. ______________________________
2. ______________________________
3. ______________________________
4. ______________________________
5. ______________________________

Identifie les cinq pièces de base que tu préfères (ce sont les pièces les plus polyvalentes qui te vont le mieux, comme ton jeans préféré, un tee-shirt blanc ou un caban classique) :

1. ______________________________

2. ______________________________

3. ______________________________

4. ______________________________

5. ______________________________

Identifie les accessoires et les chaussures qui reprennent la palette de couleurs que tu as choisie :

1. ______________________________

2. ______________________________

3. ______________________________

4. ______________________________

5. ______________________________

Agence les pièces de façon à créer trois tenues complètes. Puis, assure-toi que chacune d'elles est bien fonctionnelle.

La prochaine fois que tu auras besoin d'une mignonne tenue à la dernière minute, tu n'auras qu'à choisir l'une des tenues préagencées (asperge-la d'un peu de Febreze au besoin) et à te diriger vers la porte.

7

Préparer ton corps, ton sac et tes méninges : des recettes pour te préparer sans t'affoler

Bichonnage de dernière minute

En théorie, les quelques heures qui précèdent ton rendez-vous devraient s'écouler dans le calme; tu as déjà surmonté les obstacles majeurs en remportant la bataille avec tes parents et ton placard. Il ne reste plus qu'à te préparer.

Bien que, à ce stade, n'avoir qu'à revêtir l'une de tes tenues mises au point peut te sembler un jeu d'enfant, il arrive parfois, dans l'heure qui précède un rendez-vous, que des problèmes imprévus surgissent de nulle part : tes cheveux ont décidé de défier les lois de la physique, ton placard a avalé ta botte gauche et les minutes semblent s'écouler deux fois plus vite à l'horloge. Les cinq conseils suivants t'aideront à ne pas te faire prendre par une frénésie de dernière minute.

1. Garde les choses simples.

L'heure n'est pas à l'essai. Bien que certains styles fabuleux soient nés d'une décision de dernière minute (comme la fameuse coupe à la garçonne de Mia Farrow), il est préférable d'essayer des coiffures inédites ou de nouvelles techniques de bronzage bien avant, en cours de processus, comme au moment de choisir ta tenue (à moins que tu n'aies accès au numéro de téléphone de la styliste d'une vedette et qu'il soit enregistré sur la touche « composition rapide » de ton téléphone). À moins d'avoir mis au point une nouvelle technique bien à l'avance, il est préférable de t'en tenir à des coiffures et des stratégies de maquillage que tu maîtrises, afin de minimiser tes préparatifs et ton stress.

2. Ne te laisse pas prendre les pieds dans l'eau.

Ceux qui affirment que leurs meilleures idées surgissent à l'heure du bain n'ont pas tort; l'eau chaude et le temps passé loin des membres de ta famille étrange, des vêtements, du maquillage, du téléphone, des livres et de la vie en général peuvent créer l'environnement idéal pour réfléchir sur soi, rêver les yeux grands ouverts ou même chanter quelques notes. Mais cela gruge aussi beaucoup de temps ! Tu as peut-être découvert le secret de l'univers en trempant dans la baignoire, mais tu as aussi perdu la notion du temps et voilà que tu accuses un retard de 45 minutes. Les pensées profondes peuvent attendre; élimine tout stress en prenant une douche rapide (en t'accordant un maximum de 10 minutes consignées sur minuterie au besoin). Tu apprécieras le fait de disposer de plus de temps pour te préparer une fois revenue sur la terre ferme.

3. Garde un rythme constant.

Si une tâche normalement simple et rapide devient compliquée et qu'elle gruge plus d'un quart du temps alloué à tes préparatifs (par exemple, ta technique de maquillage « yeux de chat » habituellement impeccable semble t'avoir désertée ou ton chignon ne cesse de s'effondrer), la pire chose à faire est de s'entêter. Essayer de faire fonctionner ce qui ne fonctionne pas grugera ton temps aussi sûrement que deux épisodes de ton émission de télé-réalité préférée présentés l'un derrière l'autre.

Essaie plutôt de songer à des solutions de rechange à ton problème. De telles solutions existent pour chaque problème de style répertorié ! Il suffit de garder l'esprit ouvert et de bien vouloir accepter d'adapter ton style.

4. Ne pas effectuer un changement ou un traitement majeur.

Couper ou colorer ses cheveux ou s'épiler à la cire juste avant un rendez-vous peut mener tout droit au désastre. Il en va de même pour l'application d'un soin du visage ou de tout autre traitement dermatologique. Il faut compter environ une semaine avant de s'habituer à une décoloration blond pâle et encore plus de temps pour que la peau s'assouplisse après avoir subi un traitement. Après tout, tu ne veux pas passer ton temps à te demander si ton copain lorgne ta nouvelle coupe asymétrique de façon excessive (et si oui, pose-toi des questions sur son orientation sexuelle). Pour éviter de t'affoler à la dernière minute, assure-toi d'appliquer tes soins du visage et autres traitements de beauté et de faire couper tes cheveux bien avant ton rendez-vous.

5. Savoir apprécier ce que l'on a.

Malgré tous les petits désastres qui ont pu surgir pendant tes préparatifs, il est important de garder en tête une image globale de la situation. Avant de partir, songe à quel point tu es mignonne et laisse ton attitude refléter ton état d'esprit tout au long du rendez-vous. Ton copain t'apprécie manifestement indépendamment de ta coiffure; dans le cas contraire, il ne se donnerait pas la peine de sortir pas avec toi. Si ta bonne étoile t'accorde de réaliser une coiffure parfaite, considère-toi bénie des dieux.

Sinon, contente-toi de ce que tu as; la confiance en soi l'emportera toujours sur la plus belle mise en plis.

L'affaire est dans le sac

Le temps est maintenant venu de préparer ton sac à main. Avant de quitter la maison, passe en revue la liste suivante pour t'assurer que tu as sous la main tous les articles qui te permettront de rester fraîche, confortable et tranquille pendant ton rendez-vous. Assure-toi que ton sac contienne aisément tout ce que tu vas apporter; un sac trop rempli laisse présager un dégât de maquillage à coup sûr.

- **Un téléphone portable rechargé réglé en mode « vibration ».** Bien qu'il soit important que ton téléphone reste ouvert, rien ne gâche l'atmosphère comme une sonnerie disco ultra-forte émanant de ton téléphone portable.

- **De l'argent comptant.** Apporte assez d'argent pour régler tes dépenses pour toutes les activités prévues au programme. Ton copain réglera fort probablement la note, mais ne tiens rien pour acquis sous peine de te retrouver dans une situation très embarrassante.

- **Encore de l'argent.** Tu dois avoir assez d'argent sur toi pour régler la note d'un taxi d'urgence au besoin.

- **Du brillant à lèvres et autres articles de retouche.** Il faut savoir garder la main légère; tu ne veux pas te retrouver aussi fardée que Tammy Faye Baker pour avoir remis du maquillage toute la soirée.

- **Une épingle de sûreté ou du ruban gommé.** Ces articles qui ne prennent pratiquement pas d'espace au fond de ton sac peuvent s'avérer d'une aide précieuse pour régler les petits problèmes de garde-robe, surtout lors d'événements chic.

- **Des bonbons à la menthe ou de la gomme à mâcher.** Cette mention est déjà assez explicite.

- **Tes clés.**

- **Un petit quelque chose à partager avec ton flirt.** Qu'il s'agisse de tes bonbons japonais préférés (à partager au cinéma) ou de clips vidéo stockés sur ton iPod (à visionner en faisant la file).

Règle d'or pour une *nouvelle* **idylle**

*** Être au meilleur de sa forme ***

Fais attention à ce que tu consommes avant (et pendant) ton rendez-vous. Si tu espères qu'il t'embrasse, évite de boire du café ou des boissons sucrées, car ton haleine en pâtira et deviendra repoussante. Par ailleurs, les petits plaisirs comme la caféine et le sucre peuvent te rendre anxieuse, voire convulsive lorsque leur effet se fait sentir.

État d'esprit pour un premier rendez-vous

As-tu déjà remarqué que la nervosité peut transformer l'adolescente charmante que tu es habituellement en un vrai moulin à paroles, en une fille qui ne tient pas en place ou en une jeune femme soudain devenue muette ? Il est parfois difficile de réprimer complètement ces changements de la personnalité lors d'un premier rendez-vous; les papillons qui virevoltent dans ton estomac peuvent remonter jusqu'à ta tête. Établir un rituel pour calmer ton esprit peut t'aider à canaliser ta Grace Kelly intérieure. Cela t'empêchera, par la même occasion, de laisser libre cours à la Bécassine qui sommeille en toi.

Pour ce faire, tu dois ajouter 10 à 20 minutes de plus à ta routine pour être zen et retrouver la forme. Ce que tu feras pendant ce temps dépend de ta forme à cet instant précis (qui dépend à son tour de qui t'a donné rendez-vous, de ton niveau d'énergie du moment et du temps passé à combattre les boucles les plus rebelles).

Si ton rendez-vous a lieu après ton quart de travail ou après une querelle éreintante avec ton frère aîné, une sieste ou une gorgée de Red Bull peut contrer la fatigue et te remettre sur pied. Si tes pensées défilent à cent kilomètres à l'heure le long de l'autoroute nommée Je-ne-pense-qu'à-mon-flirt, visionner des clips sur YouTube ou parler à une amie peut mettre un terme à cette frénésie. Le but recherché est de stabiliser ton énergie et d'entrer dans un état de calme de sorte que ta véritable nature prenne le dessus. Suis les indications de l'organigramme qui figure sur les deux pages suivantes afin de rééquilibrer ton énergie et devenir zen.

Organigramme pour être zen

DÉBUT

Es-tu plus nerveuse qu'en temps normal ?

OUI

As-tu fait de l'exercice aujourd'hui ?

OUI

Aimes-tu te plonger au cœur des scénarios d'émissions télévisées et des histoires des gens ?

NON

Arrives-tu à te concentrer sur une seule et unique activité ?

NON

As-tu envie de dormir ?

OUI

As-tu passé la plus grande partie de la journée à flâner et à ne rien faire ?

NON

As-tu connu une journée difficile à l'école ou au travail aujourd'hui ?

OUI → Va lire tes blogues préférés en ligne ou absorbe-toi dans une tâche qui occupera ton esprit.

NON →

OUI → Pratique un peu de yoga, fais une courte promenade en compagnie du chien, histoire d'activer le sang dans tes veines.

Libère ton énergie en dansant au son de tes CD préférés.

NON →

OUI →

NON → Une sieste de 15 minutes suffira à renouveler ton énergie.

OUI → Appelle une amie et raconte-lui ta journée jusqu'à ce que tu te sentes mieux.

NON → Détends-toi jusqu'à ce que ton flirt arrive !

8

Je ne peux pas croire que cela vient d'arriver : comment composer avec les faux pas

Éviter le désastre

Dans un monde parfait, tu ne souffrirais pas de crampes prémenstruelles, les écoles ne comptabiliseraient pas les absences et chaque rendez-vous serait aussi fabuleux que dans l'univers rêvé de Barbie. En attendant, même le plus prometteur des rendez-vous peut parfois donner lieu à un incident gênant. Les conseils de survie que voici t'aideront à sauvegarder ton rendez-vous et à préserver ta fierté, en t'offrant des façons de t'extirper avec grâce de cinq situations embarrassantes qui peuvent survenir lors d'un premier rendez-vous.

1. Les interventions parentales mortifiantes

Le sabotage à l'arrivée est une forme commune de torture adolescente utilisée depuis des siècles pour terroriser les chevaliers servants ! Heureusement, certains parents ont évolué au point de ne plus terroriser ces derniers, bien que plusieurs n'aient pas dépassé ce stade (imagine Papa en train de marcher le long du corridor avec ton copain pour aller lui montrer sa collection d'armes à feu avec ta petite sœur sur les talons, pendant qu'il le cuisine sur ses talents de conducteur. Ouille !). Il te revient de désamorcer la situation, de secourir ton flirt et de quitter la maison le plus rapidement possible, sans pour autant froisser tes parents. Voici comment.

En premier lieu, parle à tes parents de l'étiquette qui est de mise pour interagir avec ton flirt, avant ton rendez-vous. Rassure-les en leur promettant d'inviter ton copain à entrer leur dire bonjour pour éviter qu'ils ne s'affolent, mais exprime clairement tes attentes et demande-leur de s'abstenir de bavarder sans retenue ou de brandir tes photos de bébé à qui mieux mieux.

En dernier lieu, informe les membres de ta famille que PERSONNE d'autre que toi ne peut répondre à la porte. Si ta famille éprouve des problèmes à respecter ta demande, poste-toi près de la porte de 10 à 15 minutes avant l'arrivée prévue de ton copain, ou demande-lui de t'acheminer un message SMS lorsqu'il sera en route pour venir chez toi, de sorte que tu pourras superviser son arrivée et contourner toute manœuvre hostile provenant de ta famille.

Lorsque tu le présentes à tes parents, assure-toi de te tenir près de lui en tout temps; de cette façon, tu contrôleras la conversation tout en pouvant couper court si les choses s'éternisent. Par ailleurs, ton copain se sentira plus confiant en t'ayant à ses côtés.

2. Le silence embarrassant

Cela arrive même à la fille la plus volubile; un silence embarrassant s'installe au beau milieu du rendez-vous. Bien que vous ayez des tas de choses en commun, la conservation se tarit parfois d'elle-même. Et, pour une raison quelconque, ce « parfois » surgit toujours lorsqu'une ballade romantique se met à jouer. Pouah !

Ton copain et toi serez certainement nerveux si c'est la première fois que vous sortez ensemble. Tenant compte du fait que votre histoire ne remonte pas à très longtemps, la conversation risque de connaître quelques échecs. Et, bien que ces instants de non-conversation puissent sembler durer une éternité, une façon infaillible de redémarrer une conversation languissante est de questionner ton copain à son sujet.

La plupart des garçons adorent sentir que quelqu'un s'intéresse à leur vie. En posant à ton flirt des questions simples sur ce qu'il aime faire pendant ses loisirs, sur le film qu'il a le plus aimé cette année ou même sur ce qu'il a fait le week-end dernier, la conversation peut se ranimer et vous permettre de découvrir ce que vous avez en commun.

3. Les touchers-surprises

Que faire si ton copain frôle malencontreusement l'un de tes seins en tendant le bras pour atteindre les flocons de piments forts sur le comptoir à pizza ou si tu frôles ses parties intimes en cherchant le contenant de maïs soufflé perché sur ses cuisses ? La meilleure façon de minimiser la gêne qui s'en suit est de t'excuser ou d'accepter les excuses de ton copain et de continuer à parler afin de passer rapidement à autre chose.

Repousser les avances *intentionnelles* peut s'avérer plus difficile. Si ton copain outrepasse les limites que tu as établies dans ton contrat d'intentions, dis-lui que tu n'es pas prête à t'engager si loin, mais que tu as beaucoup de plaisir à découvrir si cela représente une possibilité future. Montre-lui ensuite que tu n'es pas du genre à t'attarder sur des signaux embrouillés et aborde des sujets plus légers. S'il persiste, réitère ta position d'un ton plus ferme et dis-lui que sa conduite cavalière te rebute. S'il n'arrête toujours pas, fais un appel discret à la personne-ressource que tu as choisie et mets un terme à ton rendez-vous avant que ton flirt ne t'oblige à agir contre ton gré.

Mais si c'est lui qui ne répond pas à tes avances, dis-lui que tu respectes ses choix et que tu es heureuse d'apprendre à mieux le connaître.

4. Les allusions accidentelles et les autres paroles embarrassantes

Lorsqu'on est nerveux ou que tous les yeux sont posés sur nous, on peut facilement émettre un commentaire stupide ou désobligeant. On a tous accidentellement balbutié des commentaires à double sens ou insensibles et malicieux sans vraiment le vouloir, pour se rendre compte de notre faux pas au moment même où les mots s'échappent de nos lèvres. On essaie ensuite de s'en sortir en revenant en arrière, mais la situation s'aggrave de plus en plus.

Jessica Simpson est en exemple notoire; elle a appris avec le temps à réparer les innombrables maladresses qu'elle commet pratiquement chaque fois qu'elle ouvre la bouche. Elle reconnaît son erreur, se moque d'elle-même, puis passe à autre chose. Cette façon de faire démontre qu'on ne se prend pas trop au sérieux et prédispose ton copain à se détendre. Cela peut te sembler fou, mais les flatulences intellectuelles ou réelles peuvent abattre les frontières et permettre de se détendre un peu.

5. Les réactions physiologiques

Les situations embarrassantes en milieu de rendez-vous ne proviennent pas toutes d'erreurs et de mauvais calculs. Ton rendez-vous se déroule peut-être mieux que prévu, mais tu peux te mettre à rougir de façon excessive ou ton estomac peut se mettre à crapahuter si ton copain émet le compliment parfait ou qu'il a un geste tendre envers toi.

Pour ramener ton corps à un état physiologique plus normal, excuse-toi et file en direction des toilettes, histoire de respirer un bon coup. Souviens-toi que tu es là simplement pour t'amuser et, si cela ne gâche pas ton maquillage, apaise ton visage et ton cou avec une serviette en papier humide. À ton retour, tu seras à nouveau toi-même, naturelle et frondeuse, avec tes réactions physiologiques entièrement maîtrisées.

9

L'embrasser ou t'en aller : comment écourter ou sucrer ta sortie

Évaluer la situation

Te voilà sortie. Peut-être que les choses vont à merveille, ou peut-être pas. Au cours de la soirée, tu devras décider si tu veux aller de l'avant ou t'en aller.

Aller de l'avant

Si les choses se passent à merveille, tu désires évidemment poursuivre sur cette voie. Garde en tête les suggestions suivantes :

1. Pratique une écoute active.

Lorsqu'il parle, accorde-lui le temps de terminer sa phrase avant de répondre. Interrompre les gens et parler en même temps qu'eux ne sont en fait que la signature de personnes bavardes qui se donnent de l'importance, ce qui n'est certainement pas ton cas.

2. Rappelle-toi les choses simples.

Bien que cela puisse sembler évident, ne pas oublier de dire « s'il vous plaît » et « merci » fait des miracles. Par l'entremise de ces gestes simples et attentionnés, tu démontres que tu apprécies sa gentillesse (et celle des autres) pendant le rendez-vous.

3. N'oublie pas tes manières à table.

Nos mères ont toujours raison ! Certaines choses ne se démodent jamais, comme sortir de table pour réappliquer une couche de rouge à lèvres, traiter le serveur avec courtoisie, ne pas déposer les bras sur la table et mâcher sans faire de bruit.

4. Exprime tes sentiments.

Si tu t'amuses bien, dis-le à ton copain. Tu n'es pas obligée de lancer un « je t'aime bien, tu sais ! » mais en lui confiant que tu as bien aimé conduire un kart et en le remerciant de t'avoir invitée, il saura que tu es heureuse et reconnaissante, ce qui devrait le rendre heureux à son tour.

Règle d'or pour une *nouvelle* idylle

✻ Ne joue pas les indécises ✻

Choisir entre un morceau de gâteau au chocolat et une pointe de tarte aux pommes ne devrait pas prendre 10 minutes. Le syndrome « c'est comme tu veux » qui émane parfois d'intentions pures et gentilles peut vite passer de mignon à ennuyeux. N'hésite pas à exprimer tes préférences. Cela démontre que tu sais ce que tu veux et, en fin de compte, cela se reflète sur le fait d'avoir accepté ce rendez-vous. Car c'est lui que tu as choisi, après tout !

T'en aller

Malgré tout le plaisir, la séduction et l'euphorie que *peut* comporter un rendez-vous, une sortie n'est pas toujours totalement fabuleuse. Certaines sont même carrément pourries.

Si ton flirt parle sans cesse de SES talents de tireur à l'arbalète, de SON emploi fantastique au laboratoire photo et de SON régime d'entraînement physique intense, tu pourrais bien en venir à te demander où est passé le garçon avec lequel tu avais très envie de sortir. Personne n'aime écouter les litanies interminables d'un être narcissique qui parle de lui-même. Personne n'aime également flâner avec quelqu'un qui semble avoir commandé une assiette remplie d'ennui pour le repas.

Mais assez parlé de moi. Et si *on* parlait un peu de ce qui me plaît ?
moi!

Si tu t'aperçois que ton flirt est nul contrairement à tes attentes, continuer jusqu'à la fin de l'activité est ce que tu as de mieux à faire. Finis ce que tu es en train de manger ou termine toute autre activité en cours, puis rentre chez toi dès la fin de cette partie de la soirée, même si tu dois sauter le dessert pour autant. Si tu ne sais pas quelle excuse invoquer pour t'en aller, voici quelques idées à essayer.

1. La fatigue.

Invoque la rigueur de ta journée et dis-lui que tu es trop fatiguée pour poursuivre la soirée.

2. Le stress.

Fais-lui savoir que tu n'arrives pas à relaxer parce que tu t'inquiètes à propos d'un examen important ou d'une compétition d'athlétisme, ou autre chose, qui doit avoir lieu le lendemain. Dis-lui que tu penses vraiment qu'il serait mieux pour toi de rentrer et d'aller te détendre.

3. L'urgence.

Sers-toi du service d'appel d'urgence de ton fournisseur de téléphone portable ou envoie un message SMS à une amie pour qu'elle te rappelle en invoquant une urgence. Lorsqu'elle appellera, tu pourras alors dire : « Je suis désolée, mais quelque chose d'important est arrivé. Je vais devoir m'en aller. »

4. La vérité.

Tu peux aussi faire preuve de franchise et invoquer la vérité en disant que tu es maintenant prête à rentrer chez toi. Si tu choisis cette voie, ne gâche pas la sauce en t'étendant trop sur la raison pour laquelle tu veux t'en aller; tu pourrais dire quelque chose de blessant ou rater ton coup avec un mensonge beaucoup moins crédible que toutes les raisons invoquées plus haut.

Règle d'or pour une *nouvelle* **idylle**

✲ Se laisser une porte de sortie ✲

Si tu sors pour la première fois avec un garçon que tu ne connais pas beaucoup, il serait sage de te laisser une porte de sortie pour t'esquiver en cas d'urgence. Ne révèle pas ton véritable couvre-feu tout de suite. Si les choses se passent bien et que tu veux poursuivre la soirée, file vers les toilettes et reviens en lui disant que tes parents t'ont permis de rentrer un peu plus tard.

10

Une soirée parfaite ou désastreuse : obtenir ou éviter un second rendez-vous

Décrocher : la lune ou le téléphone ?

Mission accomplie : tu as obtenu un premier rendez-vous, tu t'y es préparée comme s'il s'agissait de tests d'habileté scolaire et tu es sortie avec ton flirt. Maintenant que tu es de retour à la maison, comment te sens-tu après avoir vécu cette expérience ?

Et, par ailleurs, quelle est maintenant la prochaine étape ?

Si tu préfères subir la torture plutôt que de revoir ton copain, car une fois est bien assez, sois clémente avec lui s'il te rappelle pour te revoir (car souviens-toi qu'il n'y a pas QUE TOI qui compte). Remercie-le de t'avoir invitée, mais dis-lui que tu ne sortiras pas avec lui à nouveau. Bien qu'il soit plus facile d'éviter ses appels, c'est une façon poltronne de se conduire. Il est préférable de couper court à la situation plutôt que de te cacher et d'essayer de l'éviter.

Si tu as la grande chance d'avoir adoré ton rendez-vous, attends quelques jours avant de quitter ton nuage et d'appeler ton copain. Dis-lui à quel point tu t'es bien amusée, et si le moment se présente, demande-lui s'il veut sortir à nouveau (il te le demandera peut-être lui-même). Si un second rendez-vous est organisé, commence à réfléchir à ta tenue dès maintenant.

Un second rendez-vous fabuleux

Maintenant que le premier rendez-vous est derrière toi, tu peux planifier quelque chose d'encore plus merveilleux pour le second. Et puisque, lors du premier, vous avez établi ce que vous avez en commun, un second rendez-vous qui sort des sentiers battus peut être organisé en fonction de vos goûts communs particuliers.

Voici quelques idées :

1. La promenade du dimanche.

Lorsque les usines Ford ont lancé la Ford T sur le marché, les Américains ont décidé de prendre la route à titre de passe-temps pour relaxer. Bien que, depuis des lustres, la conduite routière semble encourager la rage au volant plutôt que la promenade, revivre les aventures sereines du passé est chose du possible en organisant une promenade en voiture.

Ne te méprends pas sur l'objectif; il ne s'agit pas ici de conduire le long de sentiers escarpés vers des postes d'observation magnifiques pour se retrouver sur le siège arrière. Partir en promenade la nuit vers un endroit isolé avec un garçon que tu ne connais pas encore très bien n'est pas le choix le plus sûr. Il s'agit ici d'une promenade de jour qui t'éloigne de tes amis, de tes parents et des centres commerciaux, qui te permet d'admirer la beauté naturelle de ta collectivité et de mieux connaître ton flirt.

L'avantage : Passer du temps seule avec ton flirt.

Rendez-vous idéal pour : L'adolescente adepte de la nature qui aime les plaisirs simples.

2. La marche en territoire inconnu.

Te souviens-tu de chaque séance de cinéma à laquelle tu as assisté en compagnie de ta meilleure amie ? Les sorties ordinaires se font souvent floues dans notre mémoire. Pour t'assurer de rendre ce rendez-vous mémorable, organise une activité que ni toi ni ton copain n'avez faite auparavant. Cela peut être aussi simple que de marcher tout le long d'un pont des environs, d'explorer un quartier peu familier ou même de jouer au bingo au centre communautaire. Consulte les journaux locaux et les babillards communautaires pour obtenir de l'information sur les événements insolites prévus pour ta région (un festival de l'accordéon peut donner lieu à des fous rires incroyables). N'élimine pas trop vite les activités loufoques (comme le bingo, dont la cote est ironiquement élevée en matière de plaisir). Cet obscur rallye de camions géants mal publicisé pourrait bien combler son petit penchant pour la destruction et ton point faible pour les très gros camions.

L'avantage : Des spectacles inédits fabuleux qu'on ne peut voir à la télévision.

Rendez-vous idéal pour : L'adolescente qui aime essayer toute chose au moins une fois.

3. Le rendez-vous alphabétisé.

Tu n'as aucune idée quoi faire mis à part le cinéma et la pizza ? Fie-toi un peu au hasard. En compagnie de ton copain, sélectionne une lettre de l'alphabet, puis associe une activité dont le nom commence avec cette lettre. Si vous avez choisi la lettre « B », mettez le cap sur une partie de base-ball; pour la lettre « K », un bar karaoké; « L », une excursion au lac pour une promenade en canoë.

L'avantage : La spontanéité et un sujet de conversation sensationnel.

Rendez-vous idéal pour : L'adolescente indécise ou impétueuse qui adore les imprévus.

4. Le réseautage.

Pour vivre une aventure qui outrepasse l'ordinaire, renseigne-toi auprès des membres de ta famille, de tes amis et de tes autres connaissances sur leur emploi et leurs passe-temps pour voir quelles occasions pourraient en découler. Ainsi, le petit ami de ta sœur, qui s'occupe d'organiser des excursions en canoë-kayak, pourrait te proposer une telle excursion. La plupart des employés des jardins zoologiques, des musées et des salles de cinéma ont le droit d'offrir des laissez-passer au rabais à leurs amis, si on le leur demande gentiment, bien entendu. Ou offre tes services de gardiennage à la personne qui supervise le jeu de guerre de balles de peinture ou qui fait du taxi en échange de quelques laissez-passer et de courses en taxi gratuites. Il suffit de mousser sa créativité et de se creuser la cervelle !

Règle d'or pour une *nouvelle* idylle

✻ R-E-S-P-E-C-T ✻

Lors du second rendez-vous, les gens sont habituellement plus à l'aise. Cependant, cela ne te permet pas pour autant de manquer de respect envers ton copain, surtout s'il s'agit d'affaires personnelles. S'il abandonne son portefeuille sur la table avant d'aller aux toilettes, ne fouille pas dedans. S'il ne veut pas parler de quelque chose, n'insiste pas. Si vous continuez à vous fréquenter, il s'ouvrira davantage à toi lorsqu'il sera prêt.

Autopsie des rendez-vous

Les premiers rendez-vous, comme bon nombre de choses dans la vie, sont un peu comme un lancer de dés. Une fois sur deux, tu découvres que le garçon auquel tu n'arrêtais pas de penser ne te plaît pas vraiment, et une fois sur deux, tu passes ton temps à revivre cette expérience grisante et à vouloir plus. D'une manière ou d'une autre, consigner tes rendez-vous est une façon fabuleuse de te rappeler chaque expérience, d'éviter de porter les mêmes tenues et de répéter les mêmes activités.

Les dernières pages te sont destinées, chère demoiselle. Utilise-les pour associer une cote à tes rendez-vous et consigner les détails que tu préfères garder pour toi seule. Tu vas certainement accepter de nombreux premiers rendez-vous de la part de plusieurs garçons au cours de ton existence (à moins que tu ne doives te marier demain) et ces pages seront un registre touchant et amusant de tes expériences romantiques étonnantes (ou affreuses !) qui ont façonné l'experte en rendez-vous galants que tu es devenue.

Avec qui je suis sortie: ______________________________

La tenue que j'ai portée: ______________________________

L'endroit où nous sommes allés: ______________________________

La date: ______________________________

Ma cote: ______________________________

Les détails: ______________________________

____

____

Avec qui je suis sortie: ______________________________

La tenue que j'ai portée: ______________________________

L'endroit où nous sommes allés: ______________________________

La date: ______________________________

Ma cote: ______________________________

Les détails: ______________________________

____

____

Avec qui je suis sortie: ______________________________

La tenue que j'ai portée: ______________________________

L'endroit où nous sommes allés: ______________________

La date: ____

Ma cote: ____

Les détails: ____

____

____

Avec qui je suis sortie: ______________________________

La tenue que j'ai portée: ______________________________

L'endroit où nous sommes allés: ______________________

La date: ____

Ma cote: ____

Les détails: ____

____

____

Avec qui je suis sortie: ______________________________

La tenue que j'ai portée: ______________________________

L'endroit où nous sommes allés: ______________________

La date: ____

Ma cote: ____

Les détails: ____

____

____

Avec qui je suis sortie: ______________________________

La tenue que j'ai portée: ______________________________

L'endroit où nous sommes allés: ______________________

La date: ____

Ma cote: ____

Les détails: ____

____

____

Avec qui je suis sortie: ______________________

La tenue que j'ai portée: ______________________

L'endroit où nous sommes allés: ______________________

La date: ______________________

Ma cote: ______________________

Les détails: ______________________

____

____

Avec qui je suis sortie: ______________________

La tenue que j'ai portée: ______________________

L'endroit où nous sommes allés: ______________________

La date: ______________________

Ma cote: ______________________

Les détails: ______________________

____

____

Avec qui je suis sortie: ______________________

La tenue que j'ai portée: ______________________

L'endroit où nous sommes allés: ______________________

La date: ______________________

Ma cote: ______________________

Les détails: ______________________

____

____

Avec qui je suis sortie: ______________________

La tenue que j'ai portée: ______________________

L'endroit où nous sommes allés: ______________________

La date: ______________________

Ma cote: ______________________

Les détails: ______________________

____

____

Avec qui je suis sortie: ____________________

La tenue que j'ai portée: ____________________

L'endroit où nous sommes allés: ____________________

La date: ____________________

Ma cote: ____________________

Les détails: ____________________

____

____

Avec qui je suis sortie: ____________________

La tenue que j'ai portée: ____________________

L'endroit où nous sommes allés: ____________________

La date: ____________________

Ma cote: ____________________

Les détails: ____________________

____

____

Avec qui je suis sortie: ____________________

La tenue que j'ai portée: ____________________

L'endroit où nous sommes allés: ____________________

La date: ____________________

Ma cote: ____________________

Les détails: ____________________

____

____

Avec qui je suis sortie: ____________________

La tenue que j'ai portée: ____________________

L'endroit où nous sommes allés: ____________________

La date: ____________________

Ma cote: ____________________

Les détails: ____________________

____

____

Avec qui je suis sortie: ______________________

La tenue que j'ai portée: ______________________

L'endroit où nous sommes allés: ______________________

La date: ______________________

Ma cote: ______________________

Les détails: ______________________

____

____

Avec qui je suis sortie: ______________________

La tenue que j'ai portée: ______________________

L'endroit où nous sommes allés: ______________________

La date: ______________________

Ma cote: ______________________

Les détails: ______________________

____

____

Avec qui je suis sortie: ______________________

La tenue que j'ai portée: ______________________

L'endroit où nous sommes allés: ______________________

La date: ______________________

Ma cote: ______________________

Les détails: ______________________

____

____

Avec qui je suis sortie: ______________________

La tenue que j'ai portée: ______________________

L'endroit où nous sommes allés: ______________________

La date: ______________________

Ma cote: ______________________

Les détails: ______________________

____

____

Avec qui je suis sortie: ______________________

La tenue que j'ai portée: ______________________

L'endroit où nous sommes allés: ______________________

La date: ______________________

Ma cote: ______________________

Les détails: ______________________

____

____

Avec qui je suis sortie: ______________________

La tenue que j'ai portée: ______________________

L'endroit où nous sommes allés: ______________________

La date: ______________________

Ma cote: ______________________

Les détails: ______________________

____

____

Au sujet de l'auteure

Erika Stalder est une écrivaine vivant à San Francisco. Elle a collaboré aux magazines *Wired* et *Edutopia* en plus d'avoir travaillé de concert avec l'*International Museum of Women* pour réaliser l'anthologie intitulée *Imagining Ourselves*. Le *Guide du parfait rendez-vous* est son premier livre.